So schmeckt's

Diät und Co

Inhalt

Dose, Trockenfutter oder selbst gekocht? Finden Sie heraus, welches Futter zu Ihnen und Ihrer Katze passt.

Nicht immer läuft alles glatt: Rund um die Fütterung bei Krankheit und in speziellen Situationen.

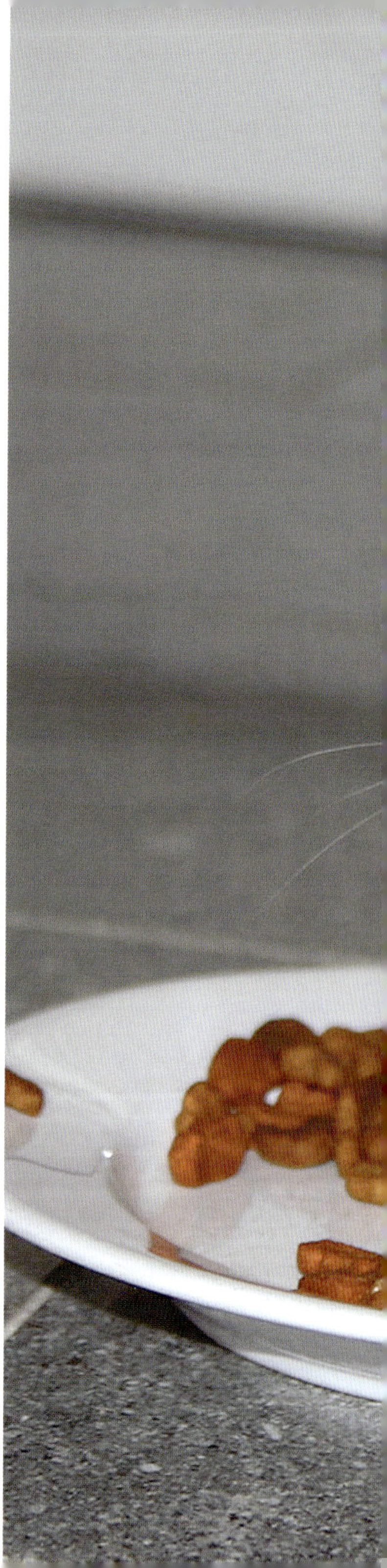

Katzen sind Fleischfresser, die sich gern auf die Jagd nach kleinen Nagetieren machen. Aber nicht nur Mäuse, auch Vögel und Eidechsen gehören auf ihren Speiseplan, den sie abwechslungsreich gestalten. Sie fangen ihre Nahrung stets frisch und legen keine Vorräte an. Unsere Hauskatzen versorgen sich, wenn sie Freigang haben, gern mit etwas frischer Beute.

Manche Katzen bevorzugen „ausgefallene" Wasserquellen, wie den Wasserhahn oder die Gießkanne.

Basics

Vom Jäger zum Gourmet

Die Katze liegt schon lange auf der Lauer: Lautlos war sie an das Mauseloch herangeschlichen und verbirgt sich nun im Gras der hohen Wiese. Da ... eine kleine Mausenase schiebt sich kurz aus dem Erdloch, kurz darauf wieselt das kleine Nagetier hervor. Keine Bewegung entgeht der geduldigen Jägerin, genau im richtigen Moment schnellt sie hervor und erlegt die Maus mit einem Nackenbiss. Die Beute wird nun schnell in ein sicheres Versteck getragen und verzehrt – und zwar buchstäblich mit Haut und Haaren. Jeder Teil dieser Mahlzeit trägt dazu bei, dass die Katze gesund und aktiv bleibt; durch Jagderfolg gewinnt die Katze außerdem an Erfahrung. Die – und ihr Jagdinstinkt – machen sie schließlich zu der perfekten Schleichjägerin, die schon seit vielen tausend Jahren an der Seite der Menschen lebt.

Vögel gehören zum natürlichen Beutespektrum der Katze ...

Von Fleischfressern und Pflanzenfressern

Alle Säugetiere werden nach ihrer Ernährungsweise in eine von drei Gruppen eingeteilt. Unterschieden werden:

- **Fleischfresser:** Hierzu zählt man zum Beispiel katzenartige und hundeartige Raubtiere, neben Hauskatzen, Löwen und Tigern also auch Füchse, Wölfe und Hunde. Merkmale der Fleischfresser sind ihr Gebiss und ihr relativ kurzer Darm.
- **Pflanzenfresser** zählen zur bevorzugten Beute der Fleischfresser. Sie haben alle einen ziemlich langen Darm, der zudem von vielen speziellen Bakterien besiedelt ist. Außerdem besitzen sie Backenzähne mit einer breiten Kaufläche und meist ausgeprägte Schneidezähne. Typische Vertreter sind Rinder, Pferde und Rehe, aber auch Kaninchen und andere Nagetiere.
- **Die Allesfresser** schließlich nehmen eine Mittelstellung ein. Ihre relative Darmlänge liegt zwischen der von Fleisch- und Pflanzenfressern. Ihre Zähne zeigen Merkmale beider Gruppen.

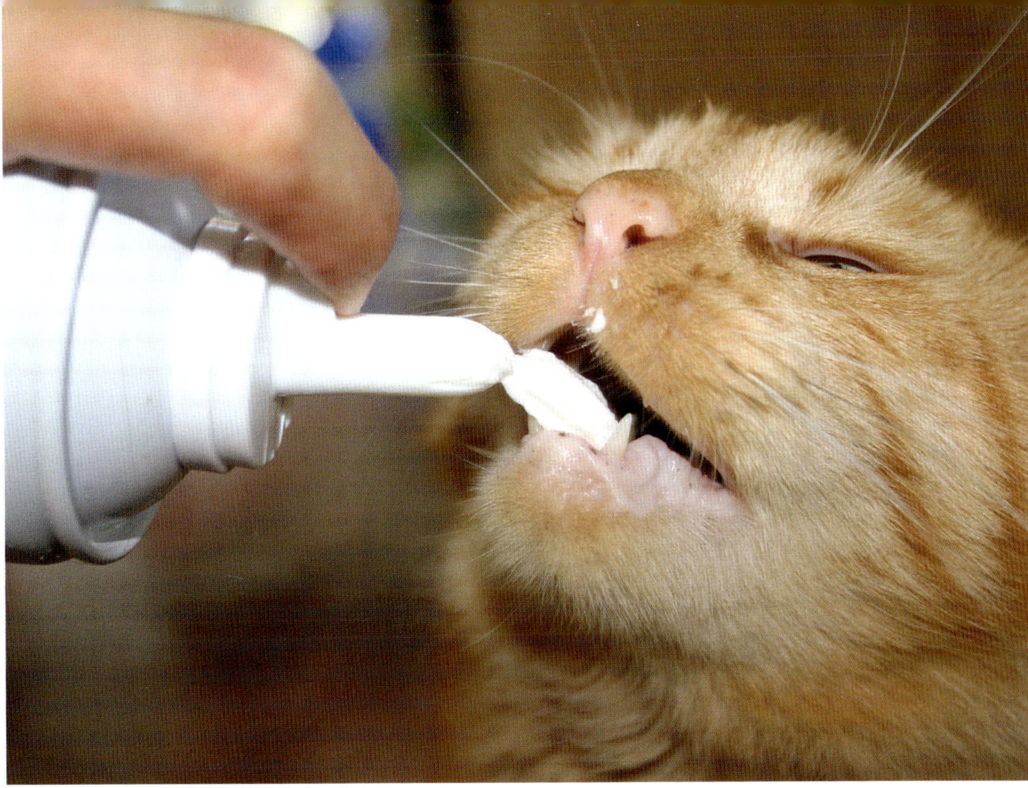

... aber auch Schlagsahne wird nicht verschmäht!

Ein typischer Allesfresser ist das Schwein.
Wie alle Klassifizierungen ist auch diese ein recht starres Gerüst. Bestimmte Kriterien wurden als Maßstab festgelegt, andere außer Acht gelassen. Und bei manchen Tieren streiten sich die Experten, zu welcher Gruppe sie nun eigentlich gehören. Der Mensch beispielsweise hat eher den Darm eines Allesfressers und das Gebiss eines Pflanzenfressers.

Spezialisierte Katze

Müsste eine Hauskatze heute alleine für ihr Essen sorgen, würde sich ihre Ernährung kaum von der ihrer wilden Vorfahren unterscheiden. Kleine Nagetiere und Vögel stellen den Großteil der Beutetiere, ab und zu wird auch mal eine Eidechse, ein größeres Insekt oder gar ein Fisch erbeutet. Diese Ernährungsweise kam ihr beim Zusammenleben mit den Menschen zugute. Seit Jahrtausenden macht sich der Mensch den Jagdinstinkt der Katze zunutze: Getreidespeicher, Vorratsschiffe und Futterkammern wären ohne Katzen nicht denkbar gewesen. Um den Jagdtrieb der Katzen nicht zu „entschärfen“ wurden sie kaum gefüttert – höchstens mal ein Schälchen Milch vor der Stalltür. Dank dieser „Förderung“ sind auch unsere heutigen Katzen noch die geborenen Jäger! ●

SMART

Relikte der Vorfahren

- **Stubentiger** sind wie gebannt von raschen Bewegungen.
- **Katzen lieben es frisch:** Vorratshaltung gibt's nicht bei Katz & Co!
- **Deshalb mögen** Katzen auch lieber mehrere kleine Portionen als eine große.

Verdauung I

Das Prinzip „Fressen und Verdauen" funktioniert bei allen Tieren gleich: Vorne kommt die Nahrung hinein und hinten kommt der Abfall wieder heraus. Das, was sich dazwischen abspielt, bleibt dem Katzenbesitzer verborgen. Lesen Sie auf den nächsten Seiten, welch perfektes System die Natur entwickelt hat.

Maul und Magen

Katzen sind reine Fleischfresser. Ihr Gebiss mit den 30 Zähnen ist perfekt auf das Erlegen und Zerteilen kleiner Beutetiere eingerichtet: Die kleinen vorderen Schneidezähne erfassen das Futter (oder die Beute), die dolchartigen Fangzähne erlegen die Beutetiere. Mit den Backenzähnen zerschneidet die Katze ihre Beute wie mit einer Schere; zum gründlichen Zermahlen der Nahrung sind sie dagegen weniger geeignet. Die raue Zunge wird wie ein Schabeisen eingesetzt, zum Beispiel zum Ablecken von Knochen. Die Futterbissen werden schließlich gut eingespeichelt geschluckt. Auch der Magen produziert reichlich Schleim. Der ist wichtig, denn die Magensäure der Katze ist so stark, dass sich der Magen ohne Schutzfilm selbst verdauen würde. Dafür wird sie aber auch mit Dingen fertig, an denen ein menschlicher Magen schnell scheitern würde: Mäuseknochen beispielsweise oder rohes Fleisch. Der Magen ist ein sehr sensibles Organ. Die Magensäure und der Schleim werden in ausreichenden Mengen produziert, wenn Nervenreize den Anblick oder den Geruch einer Mahlzeit vermelden. Im Gegenzug hemmen Stress oder Angst die Magenaktivität: Genauso wie uns Menschen schlagen auch den Katzen diese Emotionen auf den Magen. Eine entspannte Atmosphäre beim Essen ist also für Mensch und Tier

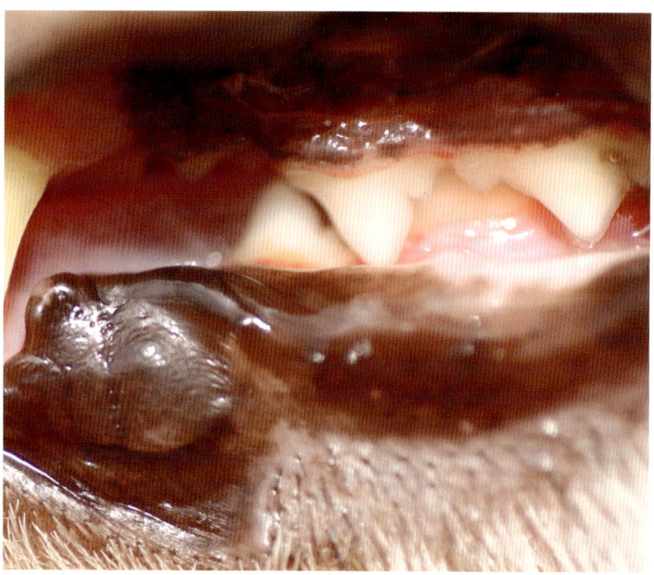

Ein Katzengebiss ist das perfekte Werkzeug, um kleine Beutetiere zu fangen, zu töten und zu verzehren.

wichtig, damit die Verdauung „in Schwung" kommen kann.

Im Magen wird die Verdauung vorbereitet

Katzenspeichel enthält keine Enzyme. Deshalb können sie es sich auch leisten so zu schlingen: Anders als bei uns Menschen werden die Nährstoffe noch nicht im Maul aufgespalten. Erst im Katzenmagen wird ein Teil des mit der Nahrung aufgenommenen Eiweißes durch bestimmte Enzyme in kleinere Teile zerlegt, die restlichen Nährstoffe (Kohlenhydrate und Fette) können erst im Dünndarm aufgespalten werden. Durch die Eigenbewegung des Magens wird der Inhalt mit den Magensäften vermischt und zunehmend breiförmiger.

Bisher war der Großteil der Verdauungsleistung mechanischer Art. Sobald der Nahrungsbrei in den Darm eingetreten ist, beginnt die sogenannte enzymatische Verdauung, bei der die körpereigenen Enzyme die Nährstoffe in ihre kleineren Bauteile aufspalten. ●

SMART

Kohlenhydrate

- **Katzen brauchen** von allen Haustieren am wenigsten Kohlenhydrate!
- **Sie haben kaum** Enzyme zur Stärkeverdauung, ein Zuviel an Kohlenhydraten kann zu Blähungen und Durchfall führen.
- **Deshalb sind Reis,** Nudeln, Kartoffeln und Co kein geeignetes Katzenfutter.
- **Auch Zucker** wird meist nicht vertragen.
- **Viele Fertigfuttermittel** enthalten zu viel Kohlenhydrate (vor allem Trockenfutter).

Diesmal bereichert eine Eidechse den Speiseplan!

Verdauung II

Im Dünndarm spalten die Enzyme die einzelnen Nährstoffe in ihre Bestandteile auf. Leber und Bauchspeicheldrüse sind „Enzymfabriken“, und den Dickdarm schließlich besiedeln wichtige Darmbakterien, die unverdauliche Stoffe zersetzen.

Dünndarm

Im Dünndarm beginnt die chemische Verdauung. Hierunter versteht man die Aufschlüsselung der Nährstoffe mit biochemischen Helfern, den Enzymen. Diese werden in Bauchspeicheldrüse und Leber gebildet und über Ausführungsgänge in den Darm geschleust. Manche Enzyme werden erst im Darm aktiviert, da sie sonst ihr Ursprungsorgan gleich selbst verdauen würden. Der Darm ist vor Selbstverdauung geschützt: Ebenso wie der Magen bildet er einen schützenden Schleim.

Aber nicht nur die Enzyme tragen zur Verdauung bei. Die Eigenbewegung der Darmmuskulatur durchmischt den Inhalt ständig. Die sogenannten Darmzotten (das sind tausende kleine fransenartige Schleimhautausstülpungen) vergrößern die Darmoberfläche um das 600-Fache. Dadurch wird eine optimale Aufnahme der Nährstoffe gewährleistet.

Junge Kätzchen werden sehr schnell stubenrein.

Nährstoffaufnahme und Abfallabgabe

Bis hierher hat der Körper Akkordarbeit geleistet: Die Nahrungsbestandteile wurden in ihre absorbierbaren Bestandteile zerlegt. Die Darmzellen schleusten diese Bestandteile, die Vitamine und Mineralstoffe ins Blut. Die Leber ist die Schaltzentrale für den Nährstoffumbau. Dabei entstehen natürlich auch Abbauprodukte, die der Körper wieder loswerden muss. Diese Abfallstoffe werden über die Nieren mit dem Urin und über die Galle mit dem Kot wieder abgegeben. So wird ver-

Dieser rote Kater genießt den Fisch wie ein Festmahl!

ständlich, warum ungeeignetes Futter die Nieren und die Leber auf Dauer belasten können.

Im Dickdarm

Wenn der Darminhalt in den Dickdarm eintritt, ist die Verdauung weitgehend abgeschlossen. Der Dickdarm besitzt keine Darmzotten. Dafür ist er von Bakterien besiedelt, die sich nun an die Zersetzung bisher unverdauter Nährstoffe machen. Beinhaltet die Nahrung schlecht verdauliches Protein (wie Knorpel oder Bindegewebe), so wird dies im Dickdarm zusätzlich von den Darmbakterien zersetzt. Diese Bakterien können dadurch „überwuchern", sich bis in den Dünndarm ausbreiten (der normalerweise eine nur geringe Keimflora besitzt) und so zu Verdauungsstörungen führen. Auch zu viele Kohlenhydrate (Stärke und Zucker) können das bakterielle Gleichgewicht stören.

SMART

Schützt die Darmflora!

- **Längere Antibiotikagaben** können das Gleichgewicht der „guten" Keime stören und zu Durchfall führen.
- **Falsche Ernährung** (z. B. minderwertiges Protein) kann auf Dauer „schlechte" Keime fördern.
- **Auch ein Zuviel** an Kohlenhydraten und Faserstoffen kann zu einer Überwucherung der Darmkeime führen.
- **Spezielle Bakterienkulturen** vom Tierarzt helfen die Darmflora wieder „aufzuforsten".

Zahnpflege leicht gemacht

Gesunde Zähne und ein kräftiges Zahnfleisch sind für eine adäquate Futteraufnahme unentbehrlich. Es ist wie bei uns Menschen: Mit Zahnschmerzen schmeckt das beste Essen nicht. Regelmäßige Zahnhygiene und Kontrollen sind deshalb die Basis für eine gesunde Ernährung.

Katzenwelpen kommen zahnlos auf die Welt. Bis zur 6. Lebenswoche brechen die 26 Milchzähne durch, bis zum 6. Monat ist der Zahnwechsel zum bleibenden Gebiss abgeschlossen. Dieses besteht aus 30 Zähnen: 12 Schneidezähne, 4 Eckzähne und 14 Backenzähne. Die Hauptaufgabe der Katzenzähne – das Fangen und Zerteilen der Beute – hat bei reinen Wohnungskatzen der Mensch übernommen. Dabei ist gerade das „Zerschneiden“ der Beutetiere Zahnpflege pur für eine Katze! Nur mit Fertigfutter ernährt, stellen sich bei den meisten Katzen früher oder später Zahn- und Zahnfleischprobleme ein. Freigänger hingegen, die regelmäßig selbst auf die Pirsch gehen und ihre Beute auch vertilgen, haben meist gesündere Zähne. Übrigens: Auch Trockenfutter schützt nicht vor Zahnstein. Die meisten Katzen schlucken die Bröckchen ganz herunter, außerdem weicht der Speichel das Futter auf und macht es klebrig.

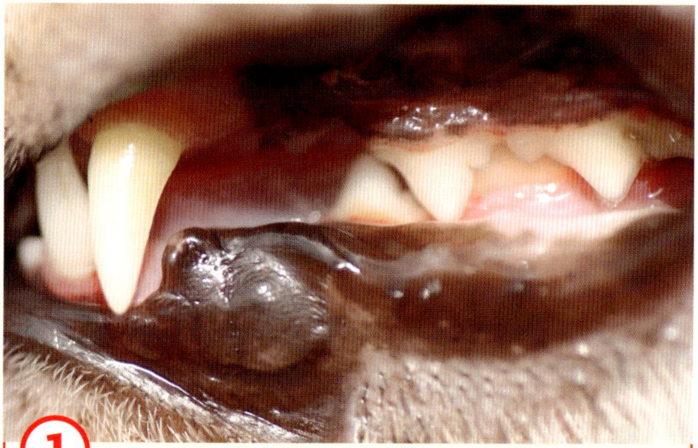

1 ▲ **Zahnstein kann** bei allen Katzen vorkommen, besonders häufig aber bei kurzköpfigen Rassen wie Persern. Am Anfang steht die Ansammlung von Futterresten zwischen den Zähnen. Diese Futterreste sorgen zusammen mit mineralischen Ablagerungen für die Entstehung von Zahnbelag. Wird dieser nicht entfernt, entsteht im Laufe der Zeit Zahnstein. Bakterielle Zersetzung führt zusätzlich zu üblem Geruch und Zahnfleischentzündungen. Im fortgeschrittenen Stadium können die Zähne locker werden und sogar ausfallen.

▸ Neigt Ihre Katze stark zur Bildung von Zahnstein, so muss dieser regelmäßig vom Tierarzt entfernt werden. Meist geschieht dies unter Vollnarkose mit einem Ultraschallgerät. Dabei kann auch kontrolliert werden, ob das Zahnfleisch bereits zurückgegangen ist und in welchem Zustand die Zahnhälse sind. Stark gelockerte Zähne können außerdem gezogen werden.

2

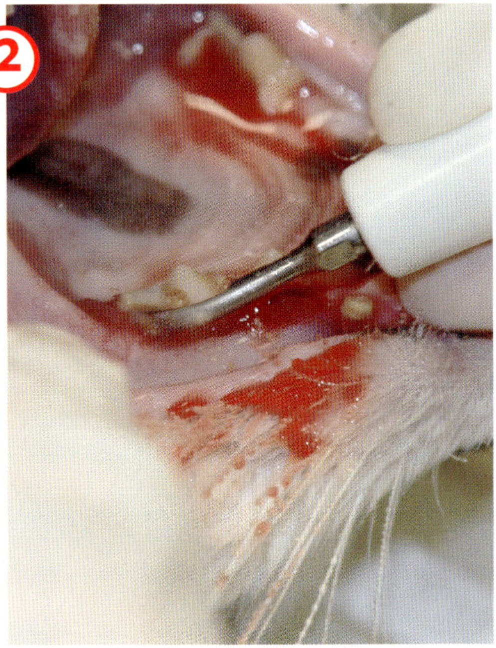

3

◂ Wildkatzen halten ihre Zähne durch das Zerbeißen der zähen Teile ihrer Beute sauber (z. B. behaarte Haut, Mägen und Knochen). Wir müssen unseren Katzen Ersatz bieten: in Streifen geschnittenes rohes Muskelfleisch (z. B. Rinderherz) ist eine Möglichkeit für reine Wohnungskatzen (und darf natürlich auch Freigängern angeboten werden). Übrigens: Wenn Sie einen Jäger haben, lassen Sie ihn seine Beute ruhig verspeisen – seinen Zähnen zuliebe!

Wichtige Bausteine

Der Katzenkörper benötigt verschiedene Komponenten als Baustoffe und Energielieferanten.

Der Körper erneuert sich ständig selbst: Haare, Haut- und Blutzellen werden immer wieder neu gebildet, Muskulatur wird aufgebaut, die Organe regenerieren sich, Enzyme und Hormone werden ständig neu produziert. Die für all diese Vorgänge benötigten Baustoffe liefert die Ernährung. Und nicht nur das: Die Energie für diese Erneuerung, aber auch für jede einzelne Bewegung – ob Wimpernschlag oder Kurzstreckensprint – wird über die Nahrung bereitgestellt. Die Körpertemperatur (bei der gesunden Katze liegt sie bei 38,5 °C) wird durch Verbrennung ständig konstant gehalten. Die für all diese Aufgaben benötigten Nahrungskomponenten sind in erster Linie tierischen und nur zu einem geringen Teil pflanzlichen Ursprungs. Die organischen Stoffe bestehen aus den Elementen Kohlenstoff, Wasserstoff, Sauerstoff, Stickstoff und Schwefel. Die anorganischen Stoffe (wie Eisen oder Kalzium) sind als Strukturbausteine und für Stoffwechselvorgänge lebensnotwendig.

Eiweiß (Protein)

Bruttoenergie: 5,65 kcal/g (24 kJ/g)

Bestehen aus Aminosäuren (AS). Sogenannte „nicht essentielle AS" kann der Körper selbst herstellen; „essentielle AS" müssen mit der Nahrung aufgenommen werden. Vor allem wichtig: Arginin und Taurin.

▸ Funktion im Körper: Als Strukturträger (Haare, Haut, Sehnen, Knorpel, Muskel, Enzyme, Hormone, roter Blutfarbstoff, Antikörper im Immunsystem etc.). Der in den AS enthaltene Stickstoff wird für den Aufbau der Erbsubstanz benötigt, außerdem zur Synthese der nicht essentiellen AS.

▸ Speicherkapazität: AS können nicht vom Körper gespeichert werden. Überschüssige AS werden zu Glykogen oder Fett umgebaut und so als Energie gespeichert. In Notzeiten kann der Körper (nach dem Verbrauch der Fettspeicher) körpereigenes Protein abbauen und als Energie nutzen.

▸ Wertigkeit: Für die Katzenernährung hochwertiges Protein enthält viele essentielle AS und ist leicht verdaulich (z. B. Fleisch, Ei, Fisch). Wenig hochwertig sind Bindegewebe, Knorpel, Sehnen.

Kohlenhydrate

Bruttoenergie: 4,15 kcal/g (17,5 kJ/g)

Die energiehaltigen Pflanzenbestandteile sind aus Zuckermolekülen aufgebaut. Es gibt Einfach-, Zweifach- und Mehrfachzucker. Sie spielen für die Katzenernährung nur eine untergeordnete Rolle.

▸ Funktion im Körper: Der Mehrfachzucker Stärke wird zum Einfachzucker Glukose abgebaut. Beides ist für Katzen schlecht verdaulich. Der Zweifachzucker Laktose (Milchzucker) ist übrigens das einzige KH tierischen Ursprungs, das in der Ernährung Bedeutung hat, viele erwachsene Katzen können ihn allerdings nicht verdauen, da ihnen das Enzym Laktase fehlt.

▸ Speicherkapazität: KH werden im Körper als der Mehrfachzucker Glykogen (in der Leber) gespeichert. Bei größerer Bedarfsüberschreitung werden überschüssige KH als Energiereserve in Fett umgewandelt und gespeichert.

▸ Wertigkeit: Weder Einfachzucker (wie Glukose und Fruktose) noch Mehrfachzucker wie Stärke und Zellulose werden von der Katze in größeren Mengen benötigt. Zu viel davon führt zu Verdauungsproblemen.

Fette (Lipide)

Bruttoenergie: 9,4 kcal/g (39 kJ/g)

Einfache Lipide sind z. B. Triglyceride (über ein Glycerinmolekül verbundene Fettsäuren); komplexe Lipide sind zusätzlich noch mit einem Nichtlipid (z. B. einem Protein) verbunden.

▸ Funktion im Körper: Vor allem bekannt sind die Lipide als Energielieferanten. Daneben haben sie aber auch weitere wichtige Funktionen: bei der Isolierung von Nervenfasern, beim Nährstofftransport, bei der Galleproduktion und als Hautschutzfilm. Manche Organe werden durch Fettpolster vor Verletzungen geschützt.

▸ Speicherkapazität: Sämtliche überschüssige Energie wird in Fettdepots gespeichert. Diese sitzen vor allem unter der Haut und sind bei übergewichtigen Katzen leicht zu erkennen. Neben der Speicherfunktion dient das Körperfett auch als Kälte- und Verletzungsschutz.

▸ Wertigkeit: Hängt vor allem von ihrem Anteil an den wertvollen ungesättigten Fettsäuren ab. Diese finden sich u. a. in Fischölen, Geflügelfett sowie Maiskeimöl.

Vitamine

Bruttoenergie: keine

Organische Substanzen, die nur in kleinsten Mengen benötigt werden, dafür aber lebensnotwendig sind. Es gibt fettlösliche (A, D, E, K) und wasserlösliche Vitamine (B-Komplex, C).

▸ Funktion im Körper: Generell wirken sie als Enzyme, Koenzyme oder deren Vorstufen bei verschiedenen Stoffwechselvorgängen. Vit. A: Produktion des Sehfarbstoffes, Hautzellerneuerung; Vit. D: Knochenwachstum; Vit. E: Zellalterungsschutz; Vit. K: Blutgerinnung; B-Vitamine: Energiestoffwechsel, Zellwachstum; Vit. C: Kollagenbildung (Katzen können Vit. C selbst synthetisieren).

▸ Speicherkapazität: Überschüssige fettlösliche Vitamine werden in der Leber gespeichert, überschüssige wasserlösliche Vitamine über den Urin ausgeschieden. Deshalb sind Vergiftungen eher bei fettlöslichen, Mangelerscheinungen eher bei wasserlöslichen Vitaminen möglich.

▸ Wertigkeit: Leber: A, D, K, div. B. Milch: A, div. B, Eigelb: A, D, div. B. Manche Fische: D, K, B_6, B_{12}. Keimöl: E, B_6. Hefeflocken: div. B. Gemüse: div. B, C.

Mineralstoffe

Bruttoenergie: keine

Organische Elemente. Mengenelemente: Kalzium Ca, Phosphor P, Magnesium Mg, Schwefel S, Natrium Na, Kalium K, Chlor Cl. Spurenelemente Eisen, Kupfer, Zink, Mangan, Jod, Selen, Kobalt.

▸ Funktion im Körper: Alle Mineralstoffe sind an Stoffwechselvorgängen beteiligt. Ca, P und Mg sind Knochenbestandteile. Ca und K: Wichtig für die Nerven-, Herz- und Muskelfunktion. Ca: Blutgerinnung. P ist Bestandteil der Erbsubstanz. S ist Knorpel- und Insulinbestandteil. Eisen: Zellatmung, roter Blutfarbstoff. Na, K und Cl sind als Elektrolyte wichtig für den Wasserhaushalt.

▸ Speicherkapazität: Ca und P werden im Knochen eingelagert und können bei Bedarf mobilisiert werden. Der Körper besitzt Reservekapazitäten für alle Mineralstoffe. Starke Verluste oder ein erhöhter Bedarf (z. B. Trächtigkeit) können aber unter Umständen zu einem Mangel führen.

▸ Vorkommen: Milchprodukte: Ca, Zink, Kobalt. Fleisch: P, Mg, S, Selen, Mangan. Fisch: P, S, Mangan, Jod. Knochen: Ca. Eigelb: Zink.

Ballaststoffe

Bruttoenergie: 4,15 kcal/g (17,5 kJ/g)

Pflanzliche Faserstoffe, die vor allem aus Mehrfachzuckern bestehen (z. B. Zellulose und Pektin). Im Allgemeinen sind sie für Katzen nur schwer oder nicht verdaulich.

▸ Funktion im Körper: Die Faserstoffe können zwar nicht direkt in Energie oder Baustoffe umgewandelt werden, tragen aber in einem mäßigen Anteil am Futter zur Darmgesundheit bei. Außerdem entstehen bei der Zersetzung durch Darmbakterien kurzkettige Fettsäuren, die wiederum die Darmschleimhautzellen mit Energie versorgen.

▸ Speicherkapazität: Faserstoffe werden nicht gespeichert, da sie nicht vom Körper aufgenommen werden. Bei einem erhöhten Anteil kann es allerdings bei gleichzeitig mangelnder Wasseraufnahme zu verlängertem Verweilen in Darm (Verstopfung) kommen.

▸ Wertigkeit: Am besten geeignet sind Faserstoffe, die mäßig bakteriell umgesetzt werden, z. B. Rübenfasern und Reiskleie. Zu hohe und zu geringe Umsetzbarkeit sind weniger günstig.

Wasser

Bruttoenergie: keine

Wasser ist der für das Überleben wichtigste Stoff. Das Körpergewicht einer gesunden Katze besteht zu etwa 70 % aus Wasser.

▸ Funktion im Körper: Transport von Nährstoffen und Eliminierung von Stoffwechselendprodukten, Beteiligung an fast allen Stoffwechselvorgängen und chemischen Reaktionen, Temperaturausgleich, Verdauung, Lösungsmittel: Körperflüssigkeiten bestehen aus Wasser und darin gelösten Substanzen: Blut (Blutkörperchen), Magensäure (Mineralien), Verdauungssäfte (Enzyme), oder Urin (Abfallprodukte).

▸ Speicherkapazität: Die Katze kann Wasser im Körper zurückhalten, indem sie den Harn stark konzentriert. Ein Verlust von 10 % des Körperwassers führt zum Tod (dies entspricht einem Wasserentzug von circa drei bis vier Tagen). Der Bedarf ist abhängig von Außentemperatur, Energieverbrauch und Futterqualität.

▸ Aufnahme: Den Großteil decken Katzen über das Futter. Katzen trinken von Natur aus wenig.

Energie

Energie ist Leben, denn sie bedeutet Wärme und Bewegung. Die Energiegewinnung des Körpers ist einfach genial: Gefüttert wird das „Kraftwerk“ mit Fetten, Proteinen und Kohlenhydraten, die aus Kohlenstoff, Wasserstoff und Sauerstoff zusammengesetzt sind. Übrig bleibt bei der Umwandlung nur Wasser und Kohlendioxid. Beides wird umweltfreundlich entsorgt.

Das untere Kätzchen scheint jeden Moment loszuschnellen.

Einheiten

Um die Energiewerte der einzelnen Nährstoffe vergleichen zu können (und damit auch die benötigten Portionsgrößen auszurechnen), braucht man Einheiten. Solche Einheiten sind die gebräuchlichen Brennwerte: Kilokalorien (kcal) bzw. Kilojoule (kJ). Dabei entspricht ein kcal 4,18 kJ. Wenn man mit hohen Brennwerten rechnet, gibt man sie in Megajoule (MJ) an. Ein „Mega“ entspricht hierbei 1000 „Kilo“.
Bruttoenergie nennt man den Brennwert, den die einzelnen Nährstoffe bei der standardisierten Verbrennung im Labor erreichen. Diese Bruttoenergie steht der Katze jedoch nicht ganz zur Verfügung, da während der Verdauung Energie verloren geht.
Die verdauliche Energie ist der Brennwert, der übrig bleibt, wenn man die Energie, die mit dem Kot verloren geht, von der Bruttoenergie abzieht.
Die Verdaulichkeit eines Nahrungsmittels gibt an, zu wie viel Prozent die Nährstoffe von der Katze aufgenommen und verbrannt werden können. Mit ihrer Hilfe kann man die verdauliche Energie eines Futters (oder seiner Komponenten) errechnen.

Wie viel Joule braucht meine Katze?

Eine durchschnittlich aktive ausgewachsene Katze von vier Kilogramm benötigt etwa 1,1 MJ pro Tag. Ein acht Kilogramm schwerer Maine-Coon-Kater benötigt 1,7 MJ pro Tag. Sie merken: Der Energiebedarf steigt nicht parallel zum Gewicht. Je schwerer eine Katze ist, desto weniger Energie braucht sie – pro Kilogramm Körpergewicht! Ganz wichtig ist: Je nach Alter, Aktivität, Felllänge, Außentemperatur und Temperament ist der Bedarf recht unterschiedlich. Junge Katzen brauchen mehr als alte, aktive Freigänger mehr als faule Couch-Potatoes und kurzhaarige mehr als dick bepelzte. Achtung: Bei Freigängern kommt es oft vor, dass sie „auswärts“ essen – die tatsächliche Energiezufuhr lässt sich bei ihnen schwer abschätzen!

Nährstoffgruppen

Bei der Laboranalyse eines Nahrungsmittels werden die Einzelkomponenten durch Verbrennung ermittelt. Die Komponenten eines Nahrungsmittels werden als Rohnährstoffe bezeichnet.

SMART

Speicherplatz

- **Glykogen** ist der Kurzzeitspeicher. In Leber, Herz und Muskeln kann es bei niedrigem Blutzuckerspiegel sofort mobilisiert und in Energie umgewandelt werden. Diese Reserve ist für akute Engpässe vorgesehen.
- **Fett als Langzeitspeicher** ist für Notzeiten gedacht. Ist die Energiezufuhr über einen längeren Zeitraum gedrosselt, greift der Körper auf diese eiserne Reserve zurück.

Der ergatterte Bissen muss schnell in Sicherheit gebracht werden!

Man unterscheidet das Rohwasser und die Trockensubstanz. Diese wiederum unterteilt sich in Rohprotein, Rohasche (mineralische Bestandteile), Rohfett, Rohfaser (Ballaststoffe) und die sogenannten stickstofffreien Extraktstoffe. Damit sind – vereinfacht – die Kohlenhydrate gemeint. Jeder dieser Anteile hat einen bestimmten Brennwert (s. S. 14 ff.).

Über diese Werte lassen sich, unter Beachtung der Verdaulichkeit, die Brennwerte einer Futterration berechnen (s. S. 27). Für Selbstkocher: Die Brennwerte der meisten üblichen Futtermittel wie Rindfleisch, Huhn, Eier etc. lassen sich ganz einfach aus Tabellen ablesen (Nährwerttabellen finden Sie im Internet oder im Buchhandel).

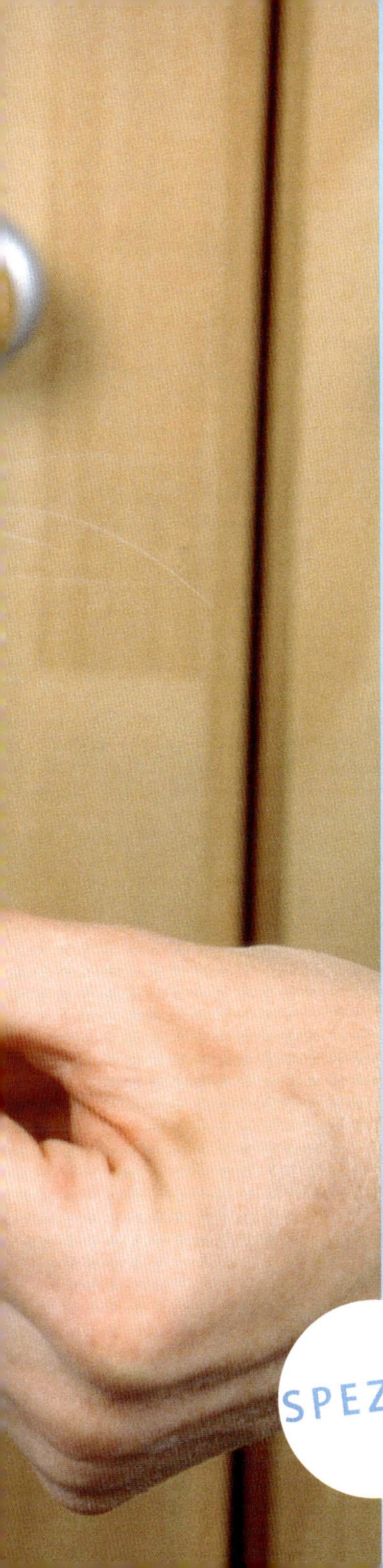

So schmeckt's

Praktisches Fertigfutter

Heimtierbedarf – inklusive Fertigfutter aller Art – hat sich innerhalb der letzten wenigen Jahrzehnte zu einem Milliardenmarkt entwickelt. Und so ist es kein Wunder, dass die Erkenntnisse auf diesem Gebiet rasch voranschreiten. Manche Hersteller betreiben eigene Forschungseinrichtungen, in denen immer wieder neue Futtersorten entwickelt und erprobt werden.

Vor- und Nachteile

Wenn man der Werbung Glauben schenkt, ist die Ernährung mit einem hochwertigen Fertigfutter besser und ausgewogener als eine frisch zubereitete und abwechslungsreiche Kost! Richtig ist: Beide Arten der Fütterung bieten Vor- und Nachteile. Die Vorzüge von Fertigfutter liegen auf der Hand: Es ist enorm zeitsparend, einfach zu lagern, lässt sich prima auf Reisen mitnehmen und enthält alle lebensnotwendigen Nährstoffe. Die Nachteile sind der für Katzen meist zu hohe Kohlenhydratanteil und die intensive industrielle Bearbeitung der einzelnen Inhaltsstoffe, die so manche natürlichen Nährstoffe zerstört. Diese werden dafür als synthetische Stoffe später wieder zugefügt. Weitere Zusätze wie Konservierungsmittel, Antioxidantien, Stabilisatoren, Bindemittel oder Färbemittel werden zugesetzt, um dem Endprodukt sein Aussehen, seine Konsistenz und seine Haltbarkeit zu verleihen. Außerdem fällt beim Fertigfutter die Zahnpflege durch das Zerbeißen weg.

Aufgepasst beim Preisvergleich

Der Markt ist mittlerweile fast unüberschaubar groß: Vom Bio-Fertigfutter über spezielles Futter für Rassekatzen bis hin zur Seniorkost und Abspeckdiät ist für jeden Geschmack, jeden Bedarf und jeden Geldbeutel

Fast Food aufgepeppt

Für reine Stubentiger, die nur Fertigfutter bekommen, gibt es folgenden „Natur-Ersatz“:

Ab und zu grob gewürfeltes rohes Rinderherz, um die Zähne und die Kaumuskulatur fit zu halten.

In Töpfchen gezogenes Katzengras liefert Ballaststoffe und hilft, beim Putzen verschluckte Haare auszuscheiden.

Futterarten: Alleinfutter soll alle benötigten Nährstoffe in ausreichender und ausgewogener Form besitzen.

Ergänzungsfutter stellt nur einen Teil der Mahlzeit dar, z. B. als Dosenfleisch oder Vitamin-Mineral-Mischung.

Beifutter kann man „außer der Reihe“ geben, wie zum Beispiel Leckerli oder Katzenmilch.

Der Wassergehalt im Feuchtfutter entspricht eher der natürlichen Katzennahrung als die Feuchtigkeit im Trockenfutter.

etwas zu haben. Apropos Geldbeutel: Es ist eine Milchmädchenrechnung, den Preis verschiedener Futtermittel anhand des Gewichts zu vergleichen. Worauf es ankommt, ist die enthaltene Energie. Sie dürfen außerdem nicht vergessen, dass Dosenfutter einen viel höheren Wasseranteil hat als Trockenfutter. Dies muss ebenfalls in den Preisvergleich mit einfließen. Verglichen werden muss also der Brennwert pro Gewichtseinheit (z. B. pro 100 Gramm oder pro Kilogramm). Bei diesem Vergleich lohnt es sich auch, einen Blick auf die Rohproteinanteile zu werfen. Bei einem normalen Erhaltungsfutter für erwachsene Katzen sollten 12 g Rohprotein auf 1 MJ Bruttoenergie (bzw. verdauliches Protein auf verdauliche Energie) entfallen.

SMART

Clever kaufen

- **Premium- und Markenfutter** (bei denen viel Geld in Forschung und Werbung investiert wird) sind meist teurer als Handelsmarken oder No-Name-Produkte.
- **Oft spiegelt** sich im Preis die Verdaulichkeit wieder.
- **Auf Anfrage** muss der Hersteller die Verdaulichkeit nennen. Diese sollte bei > 80 % liegen.
- **Ist die Verdaulichkeit** geringer, kann sich dies in erhöhten Kotmengen und einem erhöhten Futterbedarf äußern.

Wie viel ist genug?

Nicht auf jedem Futter ist der Brennwert angegeben. Da der Bedarf ganz individuell unterschiedlich sein kann, sind die angegebenen Fütterungsempfehlungen immer nur Richtwerte. Sie können für Ihre Katze genau richtig sein, können aber auch bis zu einem Drittel über oder unter ihrem tatsächlichen Bedarf liegen.

Die Qual der Wahl

Um das richtige Futter auszuwählen, braucht man ein paar Anhaltspunkte. Soll es für ein Kätzchen, eine ausgewachsene Katze oder einen Senior sein? Ist die Katze lang- oder kurzhaarig, lebt sie nur drinnen oder ist sie Freiläufer? Viele Hersteller bieten für diese Gruppen spezielles Futter an.

Futtertypen

Fertigalleinfutter für Katzen wird in zwei verschiedenen Konsistenzen angeboten. Trockenfutter (< 10 % Wasser) wird normalerweise in Säcken von 1 bis 5 kg angeboten. Es kann am längsten gelagert werden, wenn die Verpackung angebrochen ist, je nach Außentemperatur zwischen 2 und 4 Wochen. Katzen fressen es meist nur, wenn sie von klein auf daran gewöhnt wurden. Unter gesundheitlichen Aspekten ist es nur eingeschränkt zu empfehlen: Es enthält viel zu wenig Flüssigkeit, kann auf Dauer die Entstehung von Harnsteinen begünstigen. (Tipp: Feuchten Sie es vor der Fütterung mit etwas Wasser oder Brühe an). Feuchtfutter (ca. 75 % Wasser) wird meist in Dosen verkauft. Von vielen Katzen wird es lieber gefressen als Trockenfutter. Der Handel bietet eine Vielzahl von Geschmacksrichtungen an. Dafür hat es oft einen für uns Menschen unangenehmen Geruch und kann (bei geöffneter Verpackung) nur 1–2 Tage im Kühlschrank aufbewahrt werden.

Die Geschmacksrichtung „Maus" gibt's nur in der Natur!

Gut genug für meine Katze?

Unter den kommerziellen Futtermitteln gibt es große Qualitätsunterschiede. Das wichtigste Kriterium ist die Gesundheit des eigenen Tieres: Beobachten Sie Ihre Katze im Verlauf von 2 Monaten während der Gabe eines neuen Futters. Frisst sie es gerne? Ist sie vital und fröhlich? Glänzt ihr Fell? Ist der Kot fest und geformt? Oder wirkt die Katze lustlos? Tritt Juckreiz auf? Wird auffällig mehr Kot abgesetzt? Wenn Ihnen negative Veränderungen auffallen, sprechen Sie mit Ihrem Tierarzt darüber. Eventuell entspricht das Futter nicht den Bedürfnissen Ihrer Katze und sollte umgestellt werden.

Trockenfutter ist die praktischste Form der Katzenernährung.

Leckerbissen

Katzen sind auch nur Menschen. Deshalb gönnen wir ihnen, genau wie uns selbst, gerne mal einen Imbiss zwischendurch. Dabei kommt es nicht auf die „Vollwertigkeit“ dieser Häppchen an, sondern auf den Geschmack. Wir wollen unsere Katzen damit belohnen oder sie beschäftigen. Der Handel reagierte auf die immens gestiegene Nachfrage mit einem riesigen Sortiment an kommerziellen Leckerbissen in allen nur erdenklichen Formen und Geschmacksrichtungen. Auch wenn manche Hersteller mit der gesunden Zusammensetzung werben: Auf dem „Snack-Sektor“ gibt es keine Vorschriften, was die Nährstoffzusammensetzung betrifft. Geben Sie Ihrer Katze ihre Snacks nur als das, was sie auch für uns Menschen sein sollten: Ein gelegentliches Extra!

SMART

Verdaulichkeit

- **Die hohe** Verdaulichkeit eines (Premium-)Futters schlägt sich meist im Preis nieder.
- **Dafür braucht** man weniger Futter pro Mahlzeit.
- **Die Kotmenge,** die die Katze produziert, ist geringer: Der größte Teil des Futters wird vom Körper aufgenommen und verwertet, nur wenig unverdaut wieder ausgeschieden.
- **Viele No-Name-Futterprodukte** sind schlechter verdaulich, man benötigt mehr Futter, die Kotmengen sind erhöht.

Fachchinesisch – kein Problem!

Wussten Sie, dass es ganz genaue Vorschriften gibt, was auf einer Packung Katzenfutter stehen muss? Was sich hinter den Angaben auf der Verpackung verbirgt und wie Sie die Informationen auf der Packung nutzen können, erfahren Sie auf diesen Seiten.

Was draufstehen muss

Das Futtermittelgesetz (FuttMG) und die Futtermittelverordnung (FuttMV) schreiben ganz genau vor, welche Informationen der Hersteller auf einem Katzenfutter anbringen muss. Der Futtertyp muss angegeben werden, also ob es sich um ein Alleinfutter, ein Ergänzungsfutter oder ein Beifutter handelt (s. S. 22). In Allein- und Ergänzungsfuttern müssen folgende Inhaltsstoffe (in Prozent des Gesamtgewichtes) angegeben werden: Rohasche, Rohprotein, Rohfett und Rohfaser (s. S.19). Die Feuchtigkeit muss nur angegeben werden, wenn sie höher als 14 % ist. Diese Angaben sagen übrigens nichts über die Qualität der Inhaltsstoffe aus! Das Rohprotein zum Beispiel kann aus den unterschiedlichsten Quellen stammen: Hochwertiges Muskelfleisch, Schlachtabfälle oder Tiermehl. Genauere Angaben über die verwendeten Zutaten findet man in der Zutatenliste.

Sie interessiert sich mehr für den Doseninhalt …

Weitere gesetzlich vorgeschriebene Angaben

Das Nettogewicht des Futters muss ebenfalls angegeben werden sowie Name und Anschrift des Herstellers. So können Sie auch die Verdaulichkeit eines Futters erfragen (sollten Sie darauf keine oder nur eine ausweichende Antwort bekommen, sollte Sie das dem Produkt gegenüber kritisch werden lassen!). Weitere Pflichtangaben sind die Mindesthaltbarkeit und bestimmte Zusatzstoffe. Von den Vitaminen müssen nur A, D und E und von den Spurenelementen nur das Kupfer angegeben werden. Genauere Informationen finden Sie auf nachfolgender Doppelseite.

Immer mehr Katzenbesitzer legen Wert auf Qualität.

Energieberechnung

Der Brennwert eines Futters muss nicht auf der Packung angegeben werden. Sie können ihn aber leicht selber ausrechnen: Ziehen Sie zuerst die Feuchtigkeit und die Rohstoffanteile von 100 ab. Übrig bleiben die Kohlenhydrate. Diese haben 24 kJ pro Gramm. Berechnen Sie deren Energiewert. Die Energiegehalte von Rohprotein und Rohfaser addieren sie ebenfalls (pro Gramm je 24 kJ). Das Fett kommt schließlich mit 39 kJ pro Gramm dazu. Nun haben Sie die Bruttoenergie des Futters. Um die verdauliche Energie zu erhalten, müssen Sie die Verdaulichkeit (diese Prozentangabe erfahren Sie beim Hersteller; Sie sollte nicht unter 80 % liegen) anrechnen. Alleine die verdauliche Energie pro Gewicht erlaubt übrigens einen Preisvergleich!

SMART

Mineralstoffe

- **Mineralstoffe** müssen bei Alleinfutter nicht, aber sie dürfen angeführt werden (bis auf Kupfer: Für dieses Element besteht Angabepflicht).
- **Viele Hersteller** geben zumindest Kalzium, Phosphor und Natrium an.
- **Auf Anfrage** muss der Hersteller auch den Gehalt der anderen Zusatzmineralien (und -vitamine) nennen.
- **Das Kalzium-Phosphor-Verhältnis** sollte 1,2 zu 1 betragen.

Fachchinesisch für Fortgeschrittene

Die Zutatenliste und die Auflistung der Zusatzstoffe bergen weitere wichtige Informationen. Leider schreibt der Gesetzgeber keine so genaue Auflistung der enthaltenen Einzelfuttermittel bzw. aller tatsächlich enthaltenen Zusatzstoffe vor, wie sie für den kritischen Käufer und Katzenbesitzer wünschenswert wäre.

Die Zutatenliste

In der Zutatenliste muss angegeben werden, welche einzelnen Zutaten bei der Zubereitung des Futters verwendet wurden. Da anstelle der genauen Bezeichnung aber auch einfach eine Futtermittelgruppe angegeben werden kann, ist diese Liste nur wirklich aufschlussreich, wenn der Hersteller freiwillig eine genauere Erklärung seiner Zutaten abgibt. Hinter den Futtermittelgruppen können sich ganz unterschiedliche Zutaten verbergen. „Fleisch und tierische Nebenerzeugnisse" ist der Sammelbegriff für alle Körperteile warmblütiger Landtiere (vom Huhn bis zur Kuh) in sämtlichen Formen. Darunter fällt also hochwertiges Muskelfleisch ebenso wie Schlachtabfälle oder Fleischmehl. „Öle und Fette" umfasst ebenfalls ein sehr breites Qualitätsspektrum: Vom billigen Rindertalg bis hin zum hochwertigen Pflanzen- oder Fischöl kann damit alles gemeint sein. Wenn ein Hersteller also besonders hochwertige Bestandteile wie ein bestimmtes Pflanzenöl oder eine spezielle Sorte reines Muskelfleisch verwendet, so wird er dies sicher explizit kennzeichnen. Sind die Zutaten hingegen eher minderwertig, so finden sich ausschließlich die Futtermittelgruppen als Angabe auf der Verpackung.

Zusatzstoffe sind immer enthalten

Da ein Alleinfuttermittel für Katzen alle Nährstoffe in ausreichender Menge enthalten muss, werden in der Regel Spurenelemente und Vitamine zugesetzt. Kupfer und die Vitamine A, D und E muss der Hersteller angeben, alle weiteren müssen nicht genannt werden. Sind sie dennoch aufgelistet, müssen auch die enthaltenen Mengen angegeben werden. Um das Produkt haltbar, schmackhaft und ansehnlich zu machen, können noch eine Menge weiterer Stoffe zugesetzt werden. Antioxidantien zum Beispiel: Sie schützen Fette und Vita-

Noch mehr Futtermittelgruppen

Milch und Molkereierzeugnisse umfassen alles von der Vollmilch bis zum Molkepulver.

Eier und Eiererzeugnisse lautet der Überbegriff vom Frischei bis zu Trockeneipulver.

Fisch und Fischnebenerzeugnisse: wie beim Fleisch fällt vom wertvollen Muskelfleisch über Fischköpfe bis hin zum Fischmehl alles in diese Kategorie.

... und zum Nachtisch eine Vitamintablette!

mine vor dem Verderben. Entweder werden „natürliche" Antioxidantien wie Vitamin E oder C eingesetzt oder künstliche Substanzen wie Gallate oder Ethoxyquin. Antioxidantien müssen auf der Packung mit der genauen Bezeichnung angegeben werden.

Aromastoffe bzw. appetitanregende Mittel dürfen verwendet werden, sofern es sich um natürliche oder naturidentische Stoffe handelt (z. B. Gewürze wie Anis oder Vanillin). Sie müssen nicht auf der Packung angegeben werden.

Konservierungsstoffe sind kennzeichnungspflichtig. Zum Einsatz kommen Propionsäure, Schwefelsäure, Zitronensäure, Phosphorsäure, Natriumnitrit u. v. m. Diese Stoffe sollen vor allem das Wachstum von Schimmelpilzen hemmen.

Sind Farbstoffe enthalten, müssen sie auch deklariert werden. Sie werden heute eher selten zugesetzt, denn ihr einziger Zweck besteht ja eigentlich darin, dem Besitzer das Futter „schmackhaft" zu machen – der Katze ist die Farbe ihrer Mahlzeit egal!

Die große Gruppe der Stabilisatoren, Emulgatoren, Verdickungs- und Gelierstoffe dient dazu, die Konsistenz des Produktes zu verbessern. Sie sind nicht unbedingt notwendig, müssen auch nicht angegeben werden. Die Stoffe, die in dieser Gruppe zum Einsatz kommen, reichen von natürlichen Mitteln wie Algen, Gummiarabicum, Pektinen und Zellulosepulver bis zu synthetischen Stoffen.

Der Hersteller informiert

Wenn Sie genau wissen möchten, was im Fertigfutter Ihrer Katze enthalten ist, so wenden Sie sich am besten an den Hersteller. Viele Firmen nennen sogar eine Telefonnummer auf der Packung.

Futterumstellung

Katzen sind oft heikle Fresser – ganz anders als Hunde, die meist alles gierig verschlingen. Früh werden die Fressvorlieben festgelegt, man nennt dies Nahrungsprägung. Hat die Katze z. B. als Jungtier kein Trockenfutter kennen gelernt, so wird sie es auch später schlecht akzeptieren.

Nahrungsprägung

Haben Sie ganz konkrete Vorstellungen, wie Sie Ihre Katze ernähren wollen? Optimal wäre es dann, wenn sie dieses Futter von klein auf kennen lernt. Sind Sie ein Verfechter der „Rohfütterung", so suchen Sie sich am besten einen Züchter, der diese Fütterungsmethode praktiziert. Möchten Sie nur Fertigfutter geben? Dann bleiben Sie am besten bei der Sorte, die die Katze bisher vertragen hat. Sind Sie nicht ganz sicher, welche Futterart Ihnen und Ihrer Katze am besten entspricht? Dann gewöhnen Sie sie Schritt für Schritt an die verschiedenen Futtermittel, die in Frage kommen (z. B. Dosenfutter und ab und zu ein paar Streifen Rinderherz zur Zahnpflege plus ein Grundrezept zum Selberkochen), um das Richtige zu finden.

Gewöhnung ist alles

Katzen können auf eine abrupte Futterumstellung mit Durchfall und Erbrechen reagieren. Beachten Sie deshalb folgende Punkte: Führen Sie neues Futter schrittweise ein. Fraß die Katze bisher Fertigfutter, soll nun aber auch Frischzubereitetes bekommen, so fangen Sie mit Gekochtem an. Sie können das Futter anfangs pürieren und zuerst löffelweise unter das gewohnte Futter mischen. Gab es bisher nur Trockenfutter, so können Sie dieses zermahlen und eine kleine Portion des neuen Fressens damit bestreuen. Akzeptiert die Katze das Gekochte, so können Sie auf die gleiche Weise vom gekochten zum rohen Fleisch übergehen (siehe dazu die Tipps zur Rohfütterung S. 33). Mischen von Fertigfutter und Selbstzubereitetem oder von gekochtem und rohem Futter ist nur in der Umgewöhnungsphase erlaubt! In der alltäglichen Fütterungspraxis kann es zu Problemen führen, da die unterschiedlichen Futterarten auch unterschiedlich verdaut werden und unterschiedlich lange im Magen-Darm-Trakt verweilen.

Nur keinen Stress!

Ist Ihre Katze gerade erst bei Ihnen eingezogen, geben Sie in der ersten Zeit das gewohnte Futter.

Warten Sie mit einer Umstellung mindestens eine Woche. Bei deutlich gestressten Tieren ruhig noch länger!

Lassen Sie die Katze nie hungern. Ideal sind 4–5 Mahlzeiten am Tag. Verweigert sie eine, schalten Sie die Umstellung wieder einen Gang zurück.

Futtervorlieben werden meist schon im Kätzchenalter festgelegt.

Heikle Katzen: Lassen Sie bei der Zubereitung von frischem Futter ruhig einmal „wie zufällig“ ein Stückchen fallen. Manche Katzen freuen sich diebisch über diese unverhoffte Beute und gewöhnen sich so umso schneller an das neue Fressen!

Abwechslung

Auch wenn Katzen Gewohnheitstiere sind, ist Abwechslung innerhalb der gewohnten Nahrungsmittel wichtig. Denken Sie an das Vorbild der Natur: Nicht zu jeder Mahlzeit frisst die Wildkatze das Gleiche! Mal ist es eine Maus, mal ein Vogel und mal ein Frosch. Wechseln Sie also ab und zu die Geschmacksrichtung des Fertigfutters, geben Sie zum Beispiel statt „Huhn“ auch einmal „Wild“ oder „Fisch“. Auch bei selbst zubereitetem Futter ist es wichtig, immer wieder zu variieren: Also mal Muskelfleisch vom Rind, mal Lamm, mal Geflügel oder Fisch. Innereien wie Leber oder Nierchen können abwechselnd gegeben werden (Höchstmengen beachten, siehe S. 35). Das Vitamin-Mineral-Präparat, mit dem Sie Selbstzubereitetes ergänzen, darf ebenfalls immer mal wieder gewechselt werden.

SMART

Immer easy!

- **Je älter** die Katze, desto langwieriger kann eine Umstellung sein. Gehen Sie Schritt für Schritt vor.
- **Bestimmte Verdauungsenzyme** können „einschlafen“, wenn sie längere Zeit nichts zu tun haben. Ihre Aktivierung kann etwas dauern, darum reagiert der Körper auf ungewohntes Futter manchmal mit Durchfall.
- **Ähnlich ist es** mit Darmbakterien: Sie müssen sich ebenfalls erst auf ein neues Futter einstellen.

Frisch und lecker

Es gibt verschiedene Gründe, warum Sie selbst für Ihre Katze kochen möchten: Fertigfutter bekommt ihr nicht; Sie legen Wert auf frische Zutaten aus kontrollierten Betrieben oder es macht Ihnen ganz einfach mehr Spaß. Lesen Sie auf den nächsten Seiten, wie Sie leckere und ausgewogene Gerichte für Ihre Katze kreieren können!

Ein paar grundsätzliche Überlegungen vorneweg: Verwenden Sie möglichst frische Zutaten aus lokaler Produktion und in Lebensmittelqualität. Muskelfleisch und Innereien kaufen Sie direkt an der Fleischertheke. Gemüse sollte der Saison entsprechend eingekauft werden. Ganze Küken gibt es mittlerweile – speziell als Tierfutter – tiefgefroren. Futterzusätze wie Vitamine, Mineralien und Taurin bekommen Sie entweder beim Tierarzt oder im Zoofachhandel.

Es muss nicht jeden Tag ein Brathuhn sein!

Gut vorbereitet ist halb gefüttert!

Haben Sie eine oder mehrere Katzen? Sind Sie zeitlich stark eingespannt? Je nach benötigter Menge kann es sich lohnen, vorzukochen und das Futter portionsweise einzufrieren. So minimieren Sie den Arbeits- und Zeitaufwand. Am besten geht das mit handelsüblichen Plastikdosen, die Sie sich (je nach Menge einer Einzelportion) in der entsprechenden Größe mehrfach besorgen. Aufgetaut wird dann ganz einfach in der Mikrowelle. Geben Sie Futterzusätze wie Vitamin-Mineral-Mischungen oder Hefe und Fette bzw. Öle immer erst kurz vor dem Füttern zu.
Lassen Sie sich größere Futterteile (wie Rinderherz, Stubenküken) am besten noch vom Metzger in maulgerechte Stücke (ca. 6 cm) zerteilen! So ersparen Sie sich Arbeit und schonen Ihre Küchenausrüstung. Auch wenn es für manchen Katzenbesitzer gewöhnungsbedürftig ist: Die Verfütterung von ganzen Futtertieren (Eintagsküken und Mäuse

gibt es frisch oder gefroren im Heimtiermarkt oder über das Internet) versorgt die Katze mit allem, was sie benötigt. Sind sie roh, wird die Katze auch spielend mit den Knochen fertig! Stärke kann von Katzen kaum verwertet werden, verzichten Sie daher auf Reis, Nudeln, Kartoffeln und Co! Gemüse sollte einen Anteil von maximal 10 % nicht überschreiten. Sie können es entweder frisch zu jeder Mahlzeit zugeben oder in kleinen Portionen (z. B. im Eiswürfelbeutel) einfrieren.

SMART

Taurin

- **Katzen können** kaum selbst Taurin bilden. Sie müssen diese Aminosulfonsäure mit dem Futter aufnehmen.
- **Viel Taurin** ist in Herz, Augen und Schalentieren enthalten.
- **Anhaltender Taurinmangel** führt zu Augen- und Herzschäden.
- **Taurin kann** man in Apotheken, im Zoofachhandel oder per Internet kaufen. Bei ausschließlicher Fütterung von Selbstgekochtem gibt man 2 g pro kg Futter.

Rohes Herz stärkt die Kaumuskulatur.

Gekocht oder roh?

Katzen sind für den Verzehr von rohem Fleisch prädestiniert. Frisches Fleisch und Knochen aus zuverlässiger Quelle dürfen Sie (nach entsprechender Gewöhnung, siehe S. 30 f.) roh geben. Im Zweifelsfall und bei Katzen, die Rohfütterung nicht gewohnt sind, sollte das Fleisch gekocht werden. So wirken Sie verschiedenen Gefahren entgegen: Die meisten Krankheitserreger überleben das Kochen nicht. Eiklar und manche Fische enthalten roh Stoffe, die bestimmte Vitamine blockieren. Durchs Kochen werden diese Stoffe inaktiviert.

Kochrezepte

Sie brauchen eine Küchenwaage, einen Taschenrechner und etwas Übung. Die Zutaten lassen sich nach den Angaben auf den Seiten 36 und 37 austauschen oder ergänzen. Vergessen Sie bitte nie, das Gewicht Ihrer Katze zu kontrollieren und die Futtermenge ggf. zu korrigieren!

Was drin sein muss

Eine vollwertige Katzenmahlzeit enthält Proteine, Fett, Ballaststoffe, Vitamine und Mineralien. Ideal ist ein Wassergehalt von ca. 70 % (entspricht dem eines Beutetieres). Die Ballaststoffe werden als Gemüse oder eingeweichte Weizenkleie hinzugegeben. Vitamine und Mineralien sind nicht in allen Lebensmitteln enthalten. Darum sollten die Eiweißquellen immer mal wieder gewechselt werden. Da der Körper über ein gewisses Speicherkontingent verfügt, müssen nicht alle Vitamine und Mineralien jeden Tag in der gleichen Menge zugeführt werden. Wichtig ist aber, dass die Bilanz über einen gewissen Zeitraum (etwa 10 Tage) ausgeglichen ist. Alternativ kann das Futter mit einem Mineralpräparat oder einem kombinierten Vitamin-Mineral-Präparat ergänzt werden. Taurin ist für Katzen lebenswichtig, es ist in verschiedenen Fleischsorten enthalten. Wird die Katze nur mit Selbstzubereitetem ernährt, gibt man 2 g Taurin pro kg Futterfleisch dazu.

Abwechslung: Wie kann ich variieren?

Sie haben verschiedene Möglichkeiten der Zubereitung: Entweder Sie kochen das Fleisch in wenig Wasser oder Sie braten es mit Öl oder Schmalz in der Pfanne an. Das Gemüse wird getrennt zubereitet, Sie können es entweder kurz blanchieren oder roh gerieben geben, je nach Vorliebe und Verträglichkeit. Wenn Sie das Gemüse kochen, verwenden Sie das Kochwasser mit (ebenso das Kochwasser vom Fleisch). Um einem Jodmangel vorzubeugen, würzen Sie regelmäßig mit einer Prise jodiertem Speisesalz (außer Sie füttern ganze Tiere wie Küken; in deren Blut und Knochen ist genügend Salz!). Bierhefe ist eine gute Vitamin-B-Quelle. Alternativ geben Sie ab und zu ein Ei oder etwas Leber,

Rezepte

100 g Hühnerfleisch, 2 Hühnerlebern und 1 -herz, etwas Wasser, 1,5 EL Spinat, 1 TL Schweineschmalz, 1 Msp. Kalziumcarbonat

150 g Fischfilet, etwas Wasser, 1 kleine Scheibe Räucherlachs, 1 EL Joghurt, 1 EL geraspelte Zucchini, 1 TL Bierhefe, 1 Msp. Kalziumcarbonat

150 g Rinderfilet, etwas Wasser, 1 Eigelb, 1,5 EL geraspelte Karotte, 1 TL Gänseschmalz, 1 Msp. Kalziumcarbonat. Alle Gerichte werden mit 1 Msp. Jodsalz ergänzt.

Die meisten Katzen trinken lieber aus größeren Gefäßen als aus kleinen Schüsselchen.

beide sind reich an Vitamin B. Dafür dürfen Sie dann die Fleischmenge etwas reduzieren. Füttern Sie Leber aber nicht öfter als einmal pro Woche (maximal 25 g pro 4 kg Körpergewicht), denn sie hat einen sehr hohen Vitamin-A-Gehalt.

Kochrezepte: So wird meine Katze satt

Die Rezepte auf Seite 34 sind für ein durchschnittliches Körpergewicht von vier Kilogramm ausgerechnet (Tagesration; auf 4–5 Portionen verteilen). Für eine leichtere bzw. schwerere Katze müssen Sie die Zutaten entsprechend verringern oder aufstocken. Denken Sie aber daran, dass große Katzen weniger Energie pro Kilo Körpergewicht brauchen als kleine. Sehr faule Katzen, langhaarige und ältere Katzen brauchen weniger Energie als sehr aktive und jüngere Katzen. Sie können die Bestandteile der Gerichte austauschen oder zusätzliche Komponenten hinzufügen (siehe folgende Doppelseite). Wer sich eingehender mit der Rationsberechnung beschäftigen möchte, findet auf den Seiten 60 und 61 weiterführende Hinweise.

SMART

Kalzium

- **Reines Muskelfleisch** enthält viel Phosphor und wenig Kalzium und muss entsprechend ergänzt werden.
- **Knochen enthalten** viel Kalzium und dürfen deshalb gelegentlich gegeben werden (siehe S. 42).
- **Eierschalen können** fein gemahlen unter das Futter gemischt werden.
- **Eine Kalziumergänzung** ist dann nötig, wenn die Katze weder Knochen noch Eierschalen bekommt.

Prozentangaben geben den Anteil dieses Nahrungsmittels an einer vollwertigen Mahlzeit an.

Fleisch

50 ▸ Wechseln Sie immer mal wieder die Sorte: Rind, Schwein und Hammel sind eher fett, Geflügel und Pferdefleisch eher fettarm. Entsprechend sollte mehr oder weniger Fett ergänzt werden. Außerdem geeignet: Kaninchen, Wild. Schweinefleisch nicht roh verfüttern! Achten Sie möglichst auf Bio-Qualität aus Weidehaltung. Reines Muskelfleisch stellt keine vollwertige Mahlzeit dar und muss immer ergänzt werden (vor allem mit Kalzium, Salz und Ballaststoffen, je nach Sorte auch mit Fett).

Innereien

10 Leber max. 5 ▸ Die Leber ist als Speicherorgan reich an Vitaminen und Spurenelementen. Deshalb immer mal wieder, maximal aber einmal pro Woche (etwa 25 g) geben. Nieren sind ebenfalls vitaminreich. Auch Lunge und Mägen (z. B. Hühnermägen) werden nach Gewöhnung gern gefressen. Auch hier gilt: Immer mal wieder die Sorte wechseln. Vor allem bei nicht daran gewöhnten Katzen können Innereien im Übermaß zu Durchfall führen!

Fisch

50 ▸ Frischer Fisch liefert hochwertiges Protein und wird von vielen Katzen gern gefressen. Auf jeden Fall abkochen und die Gräten sorgfältig entfernen. Ab und zu darf auch Dosenthunfisch gegeben werden. Generell sollte Fisch nicht zu häufig gegeben werden, da sonst ein Überangebot an Fettsäuren entstehen kann. Richtwert: Etwa einmal pro Woche. Geeignete Sorten sind Makrele, Hering, Lachs, Sardinen und Süßwasserfische.

Milchprodukte und Eier

▸ Milchprodukte: Vor allem Milch enthält viel Kalzium und alle Vitamine. Alle Milchprodukte sind reich an hochwertigem Protein. Viele Katzen können Milchzucker nicht verdauen und reagieren mit Durchfall. Etwas besser bekömmlich: Quark, Joghurt, Sauermilch.

▸ Eier: Eiklar nur gekocht verfüttern, Eigelb darf auch roh gegeben werden. Hochwertige Proteinquelle und sehr vitaminreich. Sie können minderwertige Proteine (z. B. Schlachtabfälle) ergänzen. Die Eierschale enthält Kalzium, kann also zerrieben und anstatt Kalziumzusatz mitgefüttert werden.

Gemüse

Max. 10

▸ Da Katzen Vitamin C selbst aufbauen können, müssen sie es nicht mit der Nahrung aufnehmen. Gemüse ist als Vitaminspender also für Katzen nicht so wichtig wie für Menschen. Dafür liefert es Ballaststoffe. Blanchiert oder roh (je nach Verträglichkeit) können Sie z. B. Karotten, Zucchini, Spinat oder Kürbis geben. Geeignet sind außerdem Keimlinge und Sprossen. Ab und zu kann ein Löffelchen gekochter Naturreis (nicht mehr als 20 g pro ausgewachsene Katze) das Gemüse ersetzen.

Fette und Öle

10

▸ Katzen sind auf nur in tierischen Fetten vorhandene Fettsäuren angewiesen, deshalb sind tierische Fette in jedem Fall den pflanzlichen Fetten vorzuziehen. Auch hier immer wieder abwechseln: Reines Tierfett (vom Metzger), Schmalz, Butter und Fischöl sind geeignete Lieferanten. Vorsicht mit Lebertran: Im Übermaß kann er längerfristig zu Vitamin-A-Vergiftung führen. Je mehr Fett gegeben wird, desto höher wird auch der Vitamin-E-Bedarf! Vor allem Öle können schnell ranzig werden, deshalb auf Frische achten.

Futtertiere

100

▸ Ganze, unausgenommene Futtertiere kommen der natürlichen Ernährungsweise der Katze am nächsten. Dafür ist die Verfütterung von toten Küken, Wachteln, Mäusen oder Ratten nicht jedermanns Sache! Wenn diese Art der Fütterung für Sie in Frage kommt: Bezugsquellen sind der Zoofachhandel, das Internet oder Geflügelbrütereien. Hier gilt wie bei allen Futtersorten: Gewöhnen Sie Ihre Katze langsam daran und sorgen Sie für Abwechslung.

Futterzusätze

Bis 10

▸ Außer bei ganzen Futtertieren muss das Futter ergänzt werden: Salz (sonst in Blut und Knochen der Beutetiere) ergänzt reines Muskelfleisch. Kalzium (sonst in den Knochen enthalten) ergänzt reines Muskelfleisch und Innereien. Vitaminpräparate ergänzen gekochtes Fleisch ohne Innereien. Sie können bei selbst gekochtem Futter regelmäßig ein Vitamin-Mineral-Präparat sowie Taurin zufüttern, um etwaigen Mängeln vorzubeugen. Beachten Sie immer auch die natürlichen Vitamin- und Mineralgehalte der Nahrungsmittel. Zusätze nicht überdosieren!

Zu Tisch!

Nicht nur das „Was“ ist wichtig bei der Katzenfütterung, sondern auch das „Wie“. Eine entspannte Atmosphäre und das richtige Timing sind beim Essen für Katzen (fast) genauso wichtig wie für Menschen.

Vorsicht bei Glasgefäßen!

Zubehör

Was Sie als Fressgeschirr für Ihre Katze wählen, bleibt weitgehend Ihnen überlassen. Ob Plastiknapf oder feinstes Meißner Porzellan – Ihrer Katze ist es egal, solange der Inhalt schmeckt! Haben Sie mehrere Katzen, bekommt jede ihr eigenes Futterschälchen. Ein Plastikset (oder Zeitungspapier) unter dem Napf verhindert die Verschmutzung des Bodens, Katzen fischen sich nämlich gerne Brocken aus dem Napf und fressen sie daneben. Möchten Sie Ihre Katze im Freien, etwa auf der Terrasse füttern, denken Sie daran, dass so auch andere Tiere angelockt werden könnten, vor allem, wenn das Futter nach einer Mahlzeit nicht gleich wieder entfernt wird. Kombinationen aus Futter- und Wasserschüssel sehen zwar „aufgeräumt“ aus, erweisen sich aber als wenig alltagstauglich, da das Wasser durch Futterreste verunreinigt wird. Nach jeder Mahlzeit werden Futterreste entsorgt und das Fressgeschirr abgewaschen. Auch der Wassernapf sollte regelmäßig gereinigt werden.

Wann und wie oft

Katzen fressen über den Tag verteilt mehrere kleine Mahlzeiten. Teilen Sie am besten morgens den Tagesbedarf ein und bieten Ihrer Katze vier- bis fünfmal täglich eine Portion davon an. Trockenfutter können Sie auch zur freien Verfügung stehen lassen. Achten Sie aber vor allem bei einer wenig aktiven Stubenkatze darauf, dass sie insgesamt nicht mehr als ihren Tagesbedarf an Energie zu sich nimmt! Frischzubereitetes und Dosenfutter kommt zwischen den Mahlzeiten in den Kühlschrank, wo es sich etwa zwei Tage hält. Trockenfutter gut verschließen und kühl und trocken lagern.

Vorsicht Gefahr

Entsorgen Sie Futterreste so, dass weder die Katze noch andere Tiere sie erreichen können. Speziell Mülleimer sollten für Katzen unzugänglich sein. Messer, mit denen

Mülleimer können Gefahren bergen – vor allem für hungrige Katzen!

Sie z. B. Fleisch geschnitten haben, werden gleich gereinigt oder verschwinden in der Spülmaschine. Geöffnete Konserven gehören gleich wieder in den Kühlschrank.

Leere Dosen spülen Sie am besten gleich aus und entsorgen sie in die Gelbe Tonne. An den scharfen Rändern können sich Katzen empfindlich verletzen oder mit dem Kopf in der Büchse stecken bleiben. Weitere Gefahrenquellen sind Fischköpfe (Angelhaken) und Mägen (diverse Fremdkörper). Füttern Sie Ihre Katze(n) an einem erhöhten Platz, so benutzen Sie unzerbrechliche Näpfe (z. B. aus Plastik oder Metall). Elektrische Küchenmaschinen immer sofort nach Gebrauch vom Stromnetz trennen, säubern und aufräumen. Sperren Sie die Katze am besten aus!

SMART

Wasser

- **Katzen decken** ihren Flüssigkeitsbedarf in der Natur vor allem über die Nahrung; sie brauchen aber immer auch Wasser.
- **Viele Katzen** trinken gerne aus einer großen Schüssel (etwa 2 bis 3 l) mit Wasser an einem ruhigen Ort, z. B. im Bad oder Schlafzimmer.
- **Viele Katzen** lieben „abgestandenes“ Wasser (z. B. Regenwasser aus einer Gießkanne). Achten Sie also immer darauf, dass Sie keinen angemischten Dünger stehen lassen!

Lebensphasen

Die Ernährungsbedürfnisse einer Katze verändern sich in den verschiedenen Lebensstadien. Ein Saugwelpe hat andere Ansprüche als ein Teenager, ein kastrierter Stubenkater andere als eine säugende Mutterkatze oder eine Seniorin. Wie Sie diesen Ansprüchen gerecht werden, lesen Sie in diesem Kapitel.

Trächtigkeit und Säugen gehören zu den größten „Kraftakten", zu denen der Körper einer Katze in der Lage ist. Die Ernähung der Kätzin muss in den Hochzeiten dieser Phasen also besonders energiereich sein. Das Protein in ihrer Nahrung muss außerdem sehr hochwertig (reich an essentiellen Aminosäuren) sein, denn es liefert ja die Bausteine für die Kätzchen.

Beim Säugen braucht die Mutter viel Energie.

Was bekommt der werdenden Mama?

Viele Katzen reagieren empfindlich auf Futterwechsel, wenn sie längere Zeit dasselbe Futter bekommen haben. Wenn Sie also wissen, dass Ihre Kätzin Junge bekommen soll, stellen Sie sie rechtzeitig auf das Futter um, das sie während der Trächtigkeit fressen soll. Wenn Sie Fertigfutter bevorzugen, sollten Sie ein Produkt mit Super-Premium-Qualität und ausreichender Energiedichte wählen (z. B. Welpenfutter). Wenn Sie selbst kochen, wählen Sie vor allem gut verdauliche Zutaten, von denen Sie bereits wissen, dass Ihre Katze sie verträgt. Ergänzen Sie Selbstgekochtes auf jeden Fall durch ein Vitamin- oder Vitamin-Mineral-Präparat. Wenn nun auch die Rundungen langsam sichtbar werden, geben Sie ihr die

Tagesration auf mehrere kleine Portionen über den Tag verteilt. Die Gebärmutter mit den Jungen darin kann nämlich ganz schön umfangreich werden und so den Magen einengen. Im Gegensatz zu Hündinnen brauchen Kätzinnen während der gesamten Tragzeit mehr Energie und Protein: Eine trächtige Kätzin braucht etwa um die Hälfte mehr Energie und Protein als eine nicht tragende. Gegen Ende der Trächtigkeit liegt das ideale Körpergewicht dann auch um die Hälfte über dem Normalgewicht. Das muss so sein, damit die Mutter – neben dem Gewicht der Kätzchen – genug Reserven für die Milchbildung hat.

Schon die trächtige Kätzin hat einen erhöhten Energiebedarf.

SMART

Model-Mama

- **Kätzinnen sollten** zum Deckzeitpunkt möglichst ihr Idealgewicht haben: Nicht zu dick und nicht zu dünn.
- **Sind sie übergewichtig,** kann dies unter Umständen zu Geburtsproblemen führen (etwa durch zu schwere Kätzchen).
- **Ist sie dagegen zu dünn,** reicht die Energie möglicherweise nicht zur Milchbildung und Ernährung der Welpen aus.

Das Wochenbett

Die Geburt ist für die Kätzin ganz schön anstrengend. Und mit der beginnenden Milchbildung wird dem Körper weiter viel abverlangt! Die Katze braucht in dieser Zeit ein hochwertiges, energiereiches Futter. Je nach Wurfgröße steigt der Energie- und Proteinbedarf der Kätzin bis auf das Zweieinhalbfache. Bei mehr als zwei Kätzchen sollte die Mutter immer Futter zur freien Verfügung haben. Ebenso wichtig ist eine Schüssel frisches Wasser in ständiger Reichweite. In dieser Phase sollte möglichst keine Futterumstellung erfolgen, um die ohnehin schon stark beanspruchte Mutter nicht unnötig zu belasten.

Vom Welpen zum Senior

In den ersten drei bis vier Lebenswochen ernähren sich die Welpen ausschließlich von Muttermilch. Vor allem die Aufnahme des sogenannten Kolostrums (die Muttermilch in den ersten 24 Stunden nach der Geburt) ist aus zwei Gründen besonders wichtig.

Saugwelpen

Das Kolostrum enthält besonders viele Immunstoffe, die den Welpen mit seinem unfertigen Immunsystem vor Infektionen schützen. Die Darmzellen des Welpen sind in den ersten 24 Lebensstunden für diese Immunstoffe durchlässig, danach nicht mehr. Deshalb ist es so wichtig, dass die Neugeborenen in dieser Zeit genügend „Erstlingsmilch" aufnehmen! Auch wenn kommerzielles Katzenmilchpulver genügend Nährstoffe und Energie im richtigen Verhältnis zueinander enthält, ist es kein Ersatz für das Kolostrum. Wie auch beim Menschen gilt für die Katze: Muttermilch ist die beste Ernährung für Säuglinge. Falls die Ernährung mit Muttermilch nicht möglich ist, sollte auf ein kommerzielles Milchpulver für Kätzchen zurückgegriffen werden. Reine Kuhmilch ist für die Aufzucht mutterloser Welpen nicht geeignet: Sie hat zuwenig Fett und Protein, dafür zu viel Milchzucker.

Rezept für Leckermäulchen

Dieses Rezept ist für eine Portion für vier Kätzchen im Alter von vier Wochen berechnet.

100 g Rotbarschfilet, 2 Esslöffel Milchersatz für Katzen, 2 Teelöffel Spinat, 0,5 g Kalziumcarbonat.

Fisch 10 min in etwas Wasser sieden. Spinat im Fischsud blanchieren. Etwas Sud mit Milchpulver und Kalzium mixen. Alle Zutaten mischen und servieren.

Die Wachstumsphase

Außer während der Milchproduktion ist der Nährstoff- und Energiebedarf in keiner Lebensphase so hoch wie während des Wachstums. Als Welpe braucht eine Katze genau so viel Energie wie als ausgewachsene Katze mit dem doppelten Gewicht! Diese Faustregel gilt, bis die Katze etwa 60 % ihres Endgewichtes erreicht hat, also bis sie circa fünf Monate alt ist. Danach wird die Energiezufuhr reduziert, bis die Tiere mit etwa acht Monaten annähernd ausgewachsen sind. Außerdem brauchen wachsende Katzen mehr hochwertiges Protein als erwachsene Tiere. Schließlich ist ihr Körper noch eine „Baustelle" und braucht laufend Nachschub an Baumaterial! Der Verdauungstrakt eines Kätzchens ist noch nicht so aufnahmefähig wie beim erwachsenen Tier: Das Maul und die Zähne sind kleiner, der Magen hat ein geringeres Fassungsvermögen. Deshalb bekommen sie ihr Futter auf mehrere Mahlzeiten verteilt. Trockenfutter können Sie auch zur freien

Muttermilch ist am besten für Säuglinge – für Waisen gibt es aber auch guten Milchersatz.

Verfügung anbieten. Vorsicht allerdings bei kleinen Vielfraßen und Faulpelzen: Hier ist eine kontrollierte Zuteilung besser geeignet, um jugendliches Übergewicht zu vermeiden! Wenn Sie Fertigfutter geben möchten, entscheiden Sie sich für ein Super-Premium-Produkt. Kochen Sie selbst, so wählen Sie hochwertige Zutaten aus und ergänzen Sie mit einem Vitamin-Mineral-Präparat.

Im Herbst des Lebens

Wann das Alter beginnt, ist gar nicht so leicht zu sagen. Manche Katze ist mit vierzehn noch topfit, eine andere schaltet bereits mit acht einen Gang zurück. Generell kann man sagen, dass ab zehn Jahren die Alterserscheinungen deutlich zunehmen. Die Muskelmasse nimmt ab, dafür wird das Körperfett mehr. Dementsprechend darf die Nahrung nicht mehr so energiereich sein wie bei der jüngeren Katze. Ältere Katzen brauchen übrigens nicht weniger Protein als jüngere. Allerdings auch nicht mehr, denn der Abbau der Muskelmasse lässt sich allenfalls durch regelmäßige, dem Alter angepasste Bewegung vermindern. Sie können zwischen einem speziellen Seniorfutter (am besten Super-Premium-Qualität) oder einem ausgewogenen selbst gekochten Futter wählen, das insgesamt weniger Energie als ein „normales“ Futter hat (z. B. fettärmeres Fleisch).

SMART Altersgebrechen

- **Ältere Katzen** haben oft Zahnstein. Beugen Sie schon in jüngeren Jahren durch Kau-Sport vor: z. B. mit Herz oder Hühnermägen.
- **Hat die Katze** bereits Zahnprobleme, müssen unter Umständen sogar Zähne gezogen werden.
- **Zahnlose** Katzen-Opas kommen ganz gut zurecht: Viele mümmeln sogar Trockenfutter!
- **Frisches Futter** sollte allerdings sehr fein geschnitten oder püriert werden: An Fleisch scheitern nämlich auch die besten Kauleisten!

Dos and Don't s

Fehler in der Ernährung können vermieden werden, wenn man sie kennt. Sie finden hier eine Zusammenstellung schlimmer und weniger schlimmer „Sünden". Außerdem: Hätten Sie's gewusst? Mythen der Katzenernährung werden entlarvt!

Katzen müssen Milch trinken: Jein! Viele Katzen mögen den Geschmack von Milch, aber nicht alle vertragen sie: Den enthaltenen Milchzucker (Laktose) können viele erwachsene Katzen (und übrigens auch Menschen) nicht mehr verdauen. Und auch wenn sie gut vertragen wird: Milch ist kein einfaches Getränk, sondern ein hochwertiges Nahrungsmittel, das fast alle wichtigen Nährstoffe und Energie liefert. Vorsicht also bei übergewichtigen Katzen: Ihre Milchration muss vom Tagesenergiebedarf abgezogen werden!
Knoblauch vertreibt Flöhe und Würmer: Leider falsch! Knoblauch ist wie Zwiebeln im Übermaß sogar giftig.
Katzen fressen am liebsten Fisch: Bedingt richtig! Katzen fressen generell gerne proteinreiche Nahrungsmittel (wozu neben Fleisch, Ei und Milch auch Fisch gehört). Katzen bevorzugen Futter, das ihnen bereits vertraut ist.

1

◂ Fasten mag für Menschen ein probates Mittel sein, um den Körper zu entschlacken und Gewicht zu verlieren. Für Katzen ist es absolut verboten! Vor allem übergewichtige Katzen können bei längerem Nahrungsentzug lebensgefährliche Stoffwechselstörungen entwickeln: Ihre Leber ist nicht auf die plötzliche Verbrennung von viel Körperfett eingestellt. Deshalb müssen alle Katzen (auch dicke und kranke) in regelmäßigen Abständen kleine Futtermengen zu sich nehmen.

2

◂ **Geöffnete Konservenbüchsen** dürfen der Katze nicht zum Auslecken überlassen werden! An den scharfen Rändern kann sie sich verletzen, vor allem die Zunge und die Schläfen sind gefährdet. Außerdem kann sie mit dem Kopf in der Dose stecken bleiben und in Panik geraten. Halbvolle Dosen gehören in den Kühlschrank, leere entsorgen Sie am besten gleich in die Gelbe Tonne.

3

▸ **Vegetarisch ernährte** Katzen erkranken auf Dauer an ernsthaften Mangelerscheinungen. Als reine Fleischfresser sind sie auf tierische Fette und Proteine angewiesen! Pflanzliche Nährstoffe, vor allem Kohlenhydrate und Faserstoffe, führen ab einem Anteil von 10 % der Nahrung zu Verdauungsproblemen und auf Dauer zu Stoffwechselstörungen. Ganz abgesehen davon: „Kaninchenfutter" schmeckt Katzen nicht!

4

▴ **Hundefutter** stellt auf Dauer keine adäquate Katzennahrung dar. Der Proteinanteil ist in der Regel zu niedrig, der Kohlenhydratanteil zu hoch. Außerdem ist das für Katzen essentielle Taurin meist nicht in der adäquaten Menge enthalten. Dies kann auf Dauer zu Verdauungsproblemen und Mangelerscheinungen führen.

Diät und Co

Runde Katze

Zu enge Hosen, abschätzige Blicke, Selbstvorwürfe – das bleibt unserer Katze erspart, wenn sie ein paar Kilo zu viel auf den Rippen hat. Gesundheitliche Risiken wie Schweratmigkeit und Stoffwechselstörungen allerdings treffen auch den Katzenmoppel!

Wie dick ist zu dick?

Bei der normalgewichtigen Katze sollte man die Rippen nicht sehen, aber ertasten können. „Mitzi Musterkatze" wiegt etwa vier Kilo. Aber Vorsicht: Auch wenn die Unterschiede bei Katzen längst nicht so riesig sind wie bei Hunden (hier gibt es Variationen von zwei bis achtzig Kilo), kann es je nach Rasse und Geschlecht doch auch relativ stark schwanken: Eine zarte Singapura-Kätzin wiegt etwa nur zwei Kilo, ein stattlicher Maine-Coon-Kater erreicht schon mal zehn Kilo – ohne dick zu sein! Haben Sie eine Rassekatze, so orientieren Sie sich am Idealgewicht ihrer Rasse und ihres Geschlechts (falls Sie es nicht kennen: fragen Sie beim Zuchtclub oder Ihrem Tierarzt danach). Haben Sie eine Hauskatze oder einen Rassemix, so lassen Sie sie beim nächsten Tierarztbesuch wiegen und fragen nach, ob ihre Katze das für ihren Typ richtige Gewicht hat. Sobald eine Katze ihr Idealgewicht um 15 % überschreitet, spricht man von Übergewicht und sollte etwas dagegen unternehmen. Stecken Sie sich und Ihrer Katze ein realistisches Ziel: Pro Woche sollte ein Gewichtsverlust von 2 % angestrebt werden. Das bedeutet z. B. für eine Katze mit sechs Kilo, deren Idealgewicht bei vier Kilo liegt, dass sie über einen Zeitraum von vier Monaten Schritt für Schritt zu ihrem Idealgewicht gelangt.

Schlanke Katzen leben gesünder!

Motivation ist alles

Vielleicht kommt Ihnen das irgendwie bekannt vor: Ein paar Pfündchen sollten dringend runter, und auch der Arzt ist nicht begeistert von der letzten Untersuchung. Wenn es nur nicht immer so lecker schmecken würde, vor allem die Knabbereien abends auf der Couch … Sport wäre ja nicht schlecht, aber nach fünf Minuten Dauerlauf ist die Puste weg. Genauso geht es den meisten übergewichtigen Katzen. Da hilft nur eins: Sie als Besitzer müssen stark bleiben, denn von Ihnen hängt es ab, ob Ihre Katze wieder zu ihrem „Wohlfühlgewicht" findet!

Die moderne Wohnungskatze bewegt sich weniger als ein Freigänger.

Professionelle Anleitung

Am besten geht es unter tierärztlicher Anleitung: So werden Sie „gezwungen“, am Ball zu bleiben. Führen Sie Buch und wiegen Sie die Katze einmal pro Woche. Alle zwei bis vier Wochen ist ein Gewichtscheck in der Praxis dran. Wichtig ist regelmäßige Bewegung: Legen Sie regelmäßige Spielstunden zuhause ein – ziehen Sie zum Beispiel ein Spielzeug an einer Schnur hinter sich her oder rollen Sie ein Bällchen. Die bisherige Ernährung wird entweder auf ein kommerzielles Light-Produkt (siehe S. 52) umgestellt oder auf circa 60 % des Bedarfs gedrosselt und auf mehrere Portionen täglich verteilt. Trockenfutter können Sie auch so in der Wohnung verteilen, dass die Katze es selbst einsammeln muss. Ist das Ziel erreicht, müssen Sie trotzdem weiter konsequent bleiben: Um das Idealgewicht zu halten, sind drei Dinge wichtig: Regelmäßige Bewegung, restriktive Fütterung und keine Snacks!

SMART

Wenn die Diät versagt

- **Mehrere Katzen** im Haus machen die Diät doppelt schwer: Schnell ist ein fremder Napf geleert. Freigänger werden oft von gut meinenden Nachbarn mitgefüttert.
- **Snacks schlagen** zu Buche: Rechnen Sie jedes Extra (auch Milch) auf die Tagesration an.
- **Manche Krankheiten** können zu Übergewicht führen (z. B. Schilddrüsenunterfunktion, Störungen der Nebennieren). Lassen Sie Ihre Katze vor einer Diät durchchecken.

Zu viel des Guten

Überschuss, aber auch Mangel an bestimmten Nährstoffen können der Katze schaden. Bei welchen Nährstoffen Sie besonders aufpassen müssen, lesen Sie hier.

Nährstoffmangel

Hochwertiges Fertigfutter für Katzen ist ausgewogen und vollwertig. Alle Nährstoffe sind in ausreichender Menge vorhanden, sodass nichts ergänzt werden muss. Bei selbst zubereitetem Futter müssen Sie hingegen wissen, welche Stoffe für die Katze lebenswichtig sind und wie Sie einen Mangel verhindern können. Katzen brauchen tierisches Protein, um gesund zu bleiben. Die darin enthaltenen Aminosäuren sind für die Katzen lebenswichtig, da sie sie nicht selbst herstellen, sondern nur mit der Nahrung aufnehmen können. Dazu gehört beispielsweise Arginin. Sein Mangel kann zu Erbrechen und Krämpfen bis hin zum Tod führen. Auch tierische Fette sind unersetzlich. Die Arachidonsäure etwa können Katzen – im Gegensatz zu anderen Tieren – nicht selbst herstellen. Bei einer ausschließlichen Verwendung von Pflanzenfetten oder -ölen kann es zu einem Mangel kommen. Taurin ist ein weiterer wichtiger Bestandteil tierischer Nahrungsmittel, dessen Mangel (etwa bei zu einseitiger Ernährung) zu schweren gesundheitlichen Störungen führen kann (siehe S. 33). Ein bestimmtes Vitamin der B-Gruppe, das sogenannte Niacin, können Katzen nicht wie andere Tiere selbst bilden. Niacin ist reichlich in Fleisch, Leber oder Bierhefe enthalten. Außerdem können Katzen das in Pflanzen enthaltene Karotin nicht – wie Menschen – in Vitamin A umwandeln. Sie müssen Vitamin A in reiner Form aufnehmen: Am besten ist dies durch die gelegentliche Verfütterung von Leber und Nieren bzw. Lebertran gewährleistet.

Jeden Tag Leber ist auf Dauer ungesund.

Nährstoffe im Übermaß können Schaden anrichten

Bevor Sie aus lauter Angst vor einem Mangel zu einer „Überdosis“ Vitamintabletten oder Lebertran greifen, bedenken Sie, dass vor allem fettlösliche Vitamine sowie bestimmte Mineralstoffe im Übermaß auch schaden können. Ein Zuviel an den Mineralien Phosphor, Kalzium und Magnesium sowie an Vitamin C begünstigt z. B. die Bildung von Harnsteinen. Die fettlöslichen Vitamine A und D können in extrem hohen Dosen zu sogenannten Vitaminosen (Vitamin-„Vergiftungen“) führen. Diese äußern sich langfristig in schmerzhaften Lahmheiten durch Knochenverwachsungen (A) oder Gefäß- und Nierenverkalkungen (D). Unter praktischen Bedingungen kommt dies aber sehr selten vor – es sein denn, Sie ernähren Ihre Katze ausschließlich mit Leber (Vitamin A) oder reichern ihr Futter täglich mit einer Menge Lebertran (Vitamin D) an. Bekommt die Katze mehr als 75 % ihres Tagesbedarfes als Fertigfutter muss kein Nährstoff ergänzt werden.

SMART

Wie vermeiden?

- **Katzen können** vorübergehende Mängel und Überschüsse an Nährstoffen ausgleichen.
- **Falls das Futter** dauerhaft arm an Vitaminen und Mineralien ist, können Sie Zusätze geben. Bei einer abwechslungsreichen Kost mit frischen Zutaten sollte nur einmal wöchentlich ein Zusatzpräparat gegeben werden.
- **Fertigfutter** nicht auf eigene Faust mit zusätzlichen Ergänzungen aufpeppen!

Immer nur reines Muskelfleisch ist zu einseitig.

Krankenkost

Die raschen Fortschritte in der Kleintiermedizin haben im Laufe der Jahre zu einer riesigen Produktpalette an speziellen Diätfuttermitteln für Katzen geführt. Für fast jedes Leiden gibt es das entsprechende Diätfutter.

Nur beim Tierarzt

Bei vielen Krankheiten, die bei der Katze vorkommen, wird der Tierarzt ein unterstützendes Spezialfutter empfehlen. Die Hersteller dieser speziellen Krankendiäten haben auf wissenschaftlicher Grundlage die Nährstoffe so zusammengestellt und gegebenenfalls mit bestimmten Zusätzen angereichert, dass eine Verbesserung des Zustandes zu erwarten ist. Manche dieser Futter werden nur für die Dauer einer vorübergehenden Erkrankung gegeben, andere soll die Katze für den Rest ihres Lebens bekommen. Die meisten Produkte werden als Trocken- und als Feuchtfutter angeboten. Eine Ausnahme macht spezielles Trockenfutter zur Zahnsteinvorbeugung. Diätfuttermittel, die bei Krankheiten eingesetzt werden (gilt nicht für Light- und Zahnpflege-Produkte) sind nur beim Tierarzt erhältlich.

Vorbeugung

Viele Krankheiten entstehen erst gar nicht, wenn eine Katze von Anfang an artgerecht ernährt und gehalten wird.

Süßigkeiten in jeglicher Form sind tabu! Zuckerkonsum (generell Kohlenhydrate im Übermaß) kann bei Katzen auf Dauer zu schweren Stoffwechselstörungen führen.

Vermeiden Sie Trockenfutter als Hauptnahrungsquelle. Es kann langfristig die Harnsteinbildung begünstigen.

Welche speziellen Diäten gibt es?

Aus dem riesigen Angebot stelle ich Ihnen hier eine Auswahl der gebräuchlichsten Diätfuttermittel für Katzen vor:
Am bekanntesten sind wohl die Diäten für übergewichtige Katzen. Diese Light-Produkte sind fettreduziert. Manche enthalten mehr Ballaststoffe oder Kohlenhydrate, was zu Blähungen führen kann. Wählen Sie am besten ein Produkt, das nur fettreduziert ist!
Bei Hauterkrankungen gibt es ebenfalls eine Vielzahl von Spezialfutter, die meist reich an essentiellen Fettsäuren sind.
Nierenkranke Katzen kann man mit einer Nierendiät unterstützen. Hier ist der Phosphorgehalt niedriger, um die Nieren zu schonen.
Diätfuttermittel zur Behandlung und/oder Vorbeugung von Harnsteinen sind arm an bestimmten Mineralien und leicht harnansäuernd.
Antiallergische Futtermittel enthalten ausgewählte Proteine, die zudem besonders aufbereitet sind und von

Hüttenkäse liefert Protein und ist leicht verdaulich.

denen man hofft, dass sie keine Allergien auslösen. Rekonvaleszenzfutter ist hoch verdaulich, energiereich und meist sehr lecker, sodass ein geschwächter Patient schnell wieder zu Kräften kommen kann.

Hungerstreik

Wir wissen selbst, dass der Appetit meist nachlässt, wenn man krank ist. Bei Katzen ist es genauso. Viele Besitzer stehen also vor einem Problem: Sie haben für viel Geld einen Sack Spezialdiätfutter gekauft und nun verweigert ihre Katze das teure Mahl! Viele Besitzer setzen sich zusätzlich unter Stress, weil sie befürchten, dass ihr Tier ohne dieses Futter nicht oder nur schwer wieder gesundet. Auch wenn eine speziell konzipierte Diät einen Heilungsverlauf unterstützen kann, so sind doch noch viele andere Faktoren mit an der Genesung beteiligt. Versuchen Sie doch einmal die Tipps auf dieser Seite (siehe auch S. 30 f.), um Ihrer Katze die Diät schmackhaft zu machen. Stressen Sie sich und die Katze aber nicht unnötig, wenn sie sie trotzdem verweigert – zum Fressen zwingen können Sie sie ohnehin nicht.

SMART Tricks

- **Dosenfutter** können Sie kurz in der Pfanne anbraten, viele Katzen akzeptieren es dann besser.
- **Mischen Sie** ein wenig Babykost (reines Fleisch) aus dem Gläschen unter – viele Katzen lieben es!
- **Stellen Sie** die Katze stufenweise um: Mischen Sie zuerst wenig Diätfutter unter ihr gewohntes Fressen, erhöhen Sie den Anteil mit jedem Tag.
- **Wenn alles nichts** hilft, fragen Sie Ihren Tierarzt nach Alternativen.

Hilfe: Meine Katze spuckt!

Katzen spucken mehr oder weniger regelmäßig – eine ernste Erkrankung muss nicht, kann aber die Ursache sein. Vor allem die Besitzer reiner Wohnungskatzen stolpern buchstäblich über jede Pfütze, bei Freigängern dagegen bleibt viel im Verborgenen.

Gesunde Katzen schlucken beim Putzen immer wieder Haare. Freigänger vertilgen ihre Beute mit Fell und Federn. Diese „Fremdkörper" werden wieder hervorgewürgt – dieser Vorgang ist ganz normal und läuft bei Hauskatzen genauso automatisch ab wie bei ihren wilden Verwandten. Sorgen muss man sich deshalb keine machen.

Wann ist eine Katze überfordert?

Vor allem Katzen mit sehr üppigem Fell können mit der Fellpflege überfordert sein. Im Extremfall ballen sich die geschluckten Haare im Magen zusammen und können weder ausgewürgt noch weitertransportiert werden. Die Katzen würgen und erbrechen „leer". Vorbeugen kann man mit der regelmäßigen Gabe einer speziellen Malzpaste (gibt's beim Tier-

1

◂ Katzen sind relativ stressanfällig. Fühlen Sie sich durch andere Haustiere oder Kinder drangsaliert, kann es sein, dass sie mehr als sonst erbrechen. Dies wird zum einen durch zu hastiges Fressen provoziert, zum anderen durch eine chronisch gereizte Magenschleimhaut: Der Stress schlägt ihnen buchstäblich auf den Magen! Bedenken Sie diese Möglichkeit, wenn sich im Umfeld der Katze etwas geändert hat. Manchmal reicht schon ein ruhigerer Futterplatz, um das Problem zu beheben!

arzt oder in der Zoohandlung). Diese Paste hilft dabei, die Haare zu lösen und durch den Darm zu schleusen. Auch Katzengras hilft die Haare loszuwerden.

Was kann noch dahinter stecken?

Bricht die Katze nach dem Fressen oder unabhängig davon? Bricht sie ihr Futter oder nur Flüssigkeit? Geht es ihr ansonsten gut oder hat sie zusätzliche Symptome wie Durchfall, magert sie ab und zieht sich zurück? Geht das Erbrechen über das „normale" Maß, das sie an Ihrer Katze kennen, hinaus, so sollten Sie nicht zögern, Ihren Tierarzt zu konsultieren. „Harmlosere" Ursachen können Würmer sein (manchmal kann man „spaghettiartige" Spulwürmer im Erbrochenen sehen). Aber auch ernste Erkrankungen wie eine Viruskrankheit oder anatomische Missbildungen (beides eher bei jungen Kätzchen), Organversagen oder ein Tumor (eher bei älteren Katzen) könnten die Ursache sein. Geeignete Schonkost bei Magen-Darm-Problemen sind mageres Geflügelfleisch, gekochtes Ei, Hüttenkäse oder Babygläschen (reines Fleisch).

2

▲ **Ungewohntes oder ungeeignetes** Futter kann zu Erbrechen führen. Manche Katzen reagieren generell empfindlich auf Trockenfutter, vor allem, wenn sie die Bröckchen unzerkaut schlucken. Trockenfutter hat produktionsbedingt einen höheren Anteil an Kohlenhydraten, die für Katzen schlechter verwertbar sind. „Billigfutter" unterliegt keinen festen Rezepturen, das heißt, die Zusammensetzung kann von einer Herstellungscharge zur nächsten unterschiedlich sein. Manche Katze verträgt es deshalb mal besser, mal schlechter. Erbricht Ihre Katze immer mal wieder ihr Futter, ist aber sonst fit und munter, so versuchen Sie es einmal mit einem Premium-Futter (gibt es beim Tierarzt oder im Zoofachhandel – lassen Sie sich am besten von geschultem Personal beraten).

Allergien und Co

Allergien gegen Futtermittel sind bei Katzen sehr selten; es ist nicht genau bekannt, wie hoch ihr Anteil unter allen allergischen Erkrankungen bei Katzen ist. Der Verdacht auf eine Futtermittelallergie ist schnell ausgesprochen – der Nachweis allerdings ist gar nicht so einfach.

Allergie oder Intoleranz?

Eine „richtige“ Allergie ist eine Überreaktion des Immunsystems auf bestimmte proteinhaltige Stoffe. Eine Intoleranz (Unverträglichkeit) kann zwar ähnlich aussehen, hat aber mit dem Immunsystem nicht viel zu tun.

Intoleranzen gibt es zum Beispiel gegen Lebensmittel, die den Stoff Histamin enthalten, denn dieser kann zu heftigen Reaktionen wie Juckreiz und Atembeschwerden führen (was dann einer Allergie sehr ähnelt). Histamin ist zum Beispiel in bestimmten Fischen wie Makrelen enthalten.

Milchzucker kann ebenfalls eine Intoleranz auslösen: Manchen Katzen (und auch Menschen) fehlt ein Enzym, das Milchzucker verdaut. Deshalb reagieren sie mit Durchfall auf Milch.

In anderen Lebensmitteln sind Stoffe enthalten, die für Katzen giftig sind: Zwiebeln sind ein Beispiel hierfür.

Und schließlich können Futtermittel auch durch Gifte verunreinigt sein, die durch Bakterien oder Pilze gebildet wurden und die zu heftigen Reaktionen führen.

Die echte Allergie richtet sich immer gegen Proteine (z. B. Fleisch) oder proteinhaltige Futterbestandteile (z. B. Weizengluten). Sie kann in jedem Alter ausbrechen. Typisch ist, dass die Katze das entsprechende Lebensmittel bereits eine ganze Zeit lang ohne Probleme gefressen hat und „plötzlich“ allergisch darauf reagiert.

Eine Futterallergie ist schwer nachzuweisen.

Wie erkenne ich eine Futtermittelallergie?

Die typischen Zeichen sind Hautveränderungen, oft auch Juckreiz, vor allem an Kopf, Hals und Ohren. Frisst die Katze den Auslöser nur ab und zu, so beginnt der Juckreiz 4 bis 24 Stunden nach der Mahlzeit. Ist die Katze gegen einen Bestandteil ihrer täglichen Mahlzeit allergisch, so kann sie sich rund um die Uhr kratzen. Da der Körper schon häufiger mit dem Auslöser konfrontiert gewesen sein muss, bevor die Allergie ausbricht, sind typische sogenannte Allergene vor allem gebräuchliche Futtermittel wie Rindfleisch. Bekommt die Katze vor allem Lamm oder Huhn, so kann sie natürlich

auch auf diese Eiweißquellen allergisch reagieren.

Typisches Symptom einer Allergie ist Juckreiz.

Ab zum Tierarzt!

Besteht ein Allergieverdacht, so wird der Tierarzt die Eliminationsdiät empfehlen. Diese dauert zwar eine Weile, ist aber viel aussagefähiger als ein Bluttest. Die Katze bekommt für sechs bis zehn Wochen nur selbst zubereitetes Futter mit Bestandteilen, die sie vorher noch nie gefressen hat (z. B. Lamm oder Pferd). Ganz wichtig: In dieser Zeit darf sie nichts anderes bekommen, denn alles könnte eine Allergie auslösen! Nach der Zeit gibt man ihm eines der „verdächtigen" Lebensmittel (z. B. Rind) und beobachtet die Reaktion. So tastet man sich voran, bis der oder die Auslöser bekannt sind. Wichtig: Führen Sie die Diät unter tierärztlicher Anleitung durch.

SMART

Allergisch – was nun?

- **Stehen die** Auslöser fest, werden sie vom Speiseplan gestrichen.
- **Ernähren Sie** die Katze am besten mit selbst zubereiteter Nahrung, z. B. mit den Komponenten der Eliminationsdiät, ergänzt durch Vitamine und Mineralien.
- **Manchmal reagiert** die Katze allergisch auf ein Protein im Fertigfutter, verträgt das gleiche Protein aber, wenn sie es frisch zubereitet bekommt.

Wohlstandskrankheiten

Vor allem reine Wohnungskatzen sind von Wohlstandskrankheiten betroffen, aber auch Freigänger sind nicht gefeit vor ihnen. Die beiden wichtigsten möchte ich Ihnen hier vorstellen: Die Zuckerkrankheit (Diabetes mellitus) und FLUTD (engl. Feline lower urinary tract disease; d. h. übersetzt soviel wie Harnwegserkrankungen der Katze).

Zuckerkranke *Katzen trinken auffällig viel.*

Diabetes mellitus

Beim Diabetes mellitus kann der Körper den Blutzucker nicht mit körpereigenem Insulin umsetzen. Das lebenswichtige Insulin muss von außen (als Injektion) zugeführt werden. Wie beim Menschen werden bei der Katze Typ I und Typ II Diabetiker unterschieden. Während der Typ I meist erblich bedingt ist und eher selten vorkommt, leiden etwa 80 % der „kätzischen" Diabetes-Patienten am Typ II – einer eindeutigen Wohlstandserkrankung. Es sind noch nicht alle Ursachen bekannt; fest steht aber, dass Bewegungsmangel, zu kohlenhydratreiche Ernährung und vor allem Übergewicht auslösende Faktoren sind. Es kommt sogar vor, dass sich eine Typ-II-Diabetiker-Katze durch Ernährungsumstellung und Gewichtsreduktion wieder erholt und ohne Insulin-Spritzen leben kann! Weitere Risikofaktoren zur Diabetes-Entstehung sind regelmäßige Kortisonbehandlungen (etwa bei Allergien oder Asthma) sowie bestimmte Hormonpräparate (zur Rolligkeitsunterdrückung).

Wichtig ist auf jeden Fall die schnelle Erkennung und konsequente Behandlung. Typische Symptome sind starker Durst und dadurch bedingt auch erhöhter Harnabsatz. Viele Katzen entwickeln einen unmäßigen Appetit, verlieren aber gleichzeitig Gewicht. Der Tierarzt kann einen entsprechenden Verdacht dann durch Blut- und Urinuntersuchungen bestätigen.

FLUTD – Erkrankungen der harnableitenden Organe

Der typische Patient ist männlich, übergewichtig und frisst vorwiegend Trockenfutter. Im Urin bilden sich Kristalle, Sand und/oder Steinchen, die die Blasenwand und die Harnröhre reizen und schließlich auch verstopfen können. Die betroffenen Tiere setzen unter Schmerzen blutigen Urin ab, manche können gar nicht mehr pinkeln. Unbehandelt wird ein solcher

FLUDT führt zu Harnabsatzbeschwerden.

Patient zum akuten Notfall – schließlich kann eine verstopfte Blase sogar platzen. In extremen Fällen muss dem Patienten in Narkose ein Blasenkatheter gelegt und die Blase gespült werden.

Ursachen

Man vermutet, dass Trockenfutter die Entstehung von FLUTD begünstigt. Da Katzen von Natur aus relativ wenig trinken, „spart" ihr Körper Wasser ein, wenn die Nahrung trocken ist. Der Urin wird so konzentriert, was wiederum die Bildung von Kristallen begünstigt. Auch Futter mit hohem Gehalt an Magnesium (und generell an Rohasche) scheint ein auslösender Faktor zu sein: Die Kristalle sind in vielen Fällen sogenanntes Struvit, das unter anderem aus Magnesium besteht. Durch manche Futterarten erhöht sich der (normalerweise saure) pH-Wert des Katzenurins, was wiederum die Struvitbildung begünstigt. Da Kater eine s-förmig gebogene Harnröhre haben, ist bei ihnen die Gefahr größer, dass sich Steinchen festsetzen.

SMART

Vorbeugung

- **Der Stoffwechsel** von Katzen ist nicht auf Übergewicht eingestellt. Halten Sie Ihren Stubentiger schlank – seiner Gesundheit zuliebe!
- **Katzen sind** Fleischfresser – vermeiden Sie zu viel Kohlenhydrate. Mehr als max. 8 % sollte die Nahrung nicht enthalten.
- **Trockenfutter** hat einige Nachteile: Zu wenig Wasser, zu viele Kohlenhydrate, zu viel Rohasche. Geben Sie es nicht ausschließlich!

Infoecke

Literatur

- **Case, L.; Carey, D.: Ernährung von Hund und Katze.** Schattauer Verlag, Stuttgart, 1999.
- **Supplemente zu Vorlesungen und Übungen in der Tierernährung.** M. & H. Schaper Verlag, Hannover, 2004.
- **Evans, Mark: Katzenkinder aufziehen.** Verlag Eugen Ulmer, Stuttgart, 2004.
- **Elmadfa, Ibrahim; Fritsche, Doris: Unsere Lebensmittel.** Verlag Eugen Ulmer, Stuttgart, 2005.
- **Götz, Eva-Maria: Wohnen mit Katze.** Verlag Eugen Ulmer, Stuttgart, 2006.
- **Gollmann, Birgit: Katzen.** Verlag Eugen Ulmer, Stuttgart, 2005.
- **Huhn, Anette: Katzenkrankheiten.** Verlag Eugen Ulmer, Stuttgart, 2006.
- **Tabor, Roger: Die Sprache der Katzen.** Verlag Eugen Ulmer, Stuttgart, 2005.

Making Of

Die Autorin Dr. med. vet. Anna Laukner ist als Tierärztin im In- und Ausland tätig. Sie hat zahlreiche Artikel und Bücher rund um das Thema Heimtiere verfasst. Im Verlag Eugen Ulmer ist von ihr unter anderem der Titel „Hunde füttern" erschienen.

Bildquellen

Bildagentur Waldhäusl S. 20, 29, 46.
Eva Götz S. 41, 55, 64.
Juniors Tierfoto S. 27, 48.
Martina Czolgoczewski S. 6, 7, 8, 9 10, 11, 12, 13 M., 14, 15 l., 15 r., 16 l., 16 r., 17 l., 17 r., 18, 38, 39, 40, 43, 44, 45 o, 45 o.r., 45 l., 49, 50, 51, 53, 54, 57, 58, 59, 65 o.l., 65 o.r., 65 Mitte, 65 u.r.
Pixelquelle S. 2, 3, 4, 24, 25, 26, 35, 37 Mitte u., 56.
Regina Kuhn S. 14, 15 l., 15 r., 16 l., 16 r., 17 l., 18, 19, 23, 31, 32, 33, 34 o., 36 o., 36 M. o., 36 Mitte u., 36 u., 37 o., 37 Mitte o.
Tierklinik Peter Söhl S. 13 o.
Trixie S. 37 u
Das Titelbild erstellte Stuewer-Tierfoto

Adressen

▸ **TASSO e. V.**
Frankfurter Str. 20
65795 Hattersheim
Tel.: (06190) 937300
Email:
tasso@tiernotruf.org

▸ **Deutscher Tierschutzbund e.V.**
Bundesgeschäftsstelle
Baumschulallee 15
53115 Bonn
Tel.: (0228) 60 49 60
Email:
https://www.tierschutzbund.de/kontakt.html

▸ **1. Deutscher Edelkatzenzüchterverband e. V.**
Berliner Straße 13
35614 Asslar
Tel.: (06441) 8479
Email: office@dekzv.de

▸ **Institut für Tierernährung der Universität Zürich,**
Winterthurer Str. 260
CH-8057 Zürich
Tel. 0041/1/6358801

▸ **Institut für Tierernährung und Diätetik der Tierärztlichen Fakultät der Ludwig-Maximilians-Universität München**
Schönleutnerstraße 8
85764 Oberschleißheim
Tel. 089/2180-78780

Impressum

Bibliografische Information der Deutschen Bibliothek
Die Deutsche Bibliothek verzeichnet diese Publikation in der Deutschen Nationalbibliografie; detaillierte bibliografische Daten sind im Internet über http://dnb.ddb.de abrufbar.

Wollgrasweg 41, 70599
Stuttgart (Hohenheim)
E-Mail: info@ulmer.de
Internet: www.ulmer.de
Lektorat: Silke Behling
Umschlag- und Innengestaltung: X-Design, München
DTP: juhu media, Susanne Dölz, Bad Vilbel
Druck und Bindung: Litotipografia-editrice Alcione, Trento
Printed in Italy
ISBN-13: 978-3-8001-5338-1

Infoecke

Internet

▸ **www.savannahcat.de/katzenernaehrung.html**

▸ **www.katzen.de**

▸ **www.netz-katzen.de**

▸ **www.welt-der-katzen.de**

▸ **www.dubarfst.de**

▸ **www.tierschutzbund.de**

(Hinweis: Der Eugen Ulmer Verlag ist nicht für den Inhalt von Links verantwortlich)

Haftung

Für Ihr Heimtier tragen Sie selbst die Verantwortung. Die in diesem Buch enthaltenen Empfehlungen und Angaben sind vom Autor mit großer Sorgfalt zusammengestellt und geprüft worden. Eine Garantie für die Richtigkeit der Angaben kann aber nicht gegeben werden. Der Autor und der Verlag übernehmen keinerlei Haftung für Schäden und Unfälle.

Register

SPEZIAL

Kluge Tipps für SMART-KIDS

Schlaue Extras

So kannst Du das Fressen für Deine Katze mit jeder Menge Spiel und Spaß zusätzlich aufpeppen.

In manchen Dingen sind die Katzen uns Menschen ganz schön ähnlich: Sie haben ein Lieblingsessen, für das sie (fast) alles tun würden. Andere Sachen dagegen mögen Sie nicht so gerne. Manche Katzen fressen lieber ganz ungestört, andere freuen sich, wenn sie dabei bewundert werden. Wie ist das bei Deiner Katze?